Books Bear
布克熊童书

会 讲 故 事 的 童 书

进击的人类

了不起的发现

日本《世纪大发现》编辑室 - 编
刘 畅 - 译

文化发展出版社
Cultural Development Press
·北 京·

图书在版编目（CIP）数据

进击的人类 ：了不起的发现 / 日本《世纪大发现》编辑室编 ；刘畅译. — 北京 ：文化发展出版社，2023.4

ISBN 978-7-5142-3950-8

Ⅰ. ①进… Ⅱ. ①日… ②刘… Ⅲ. ①科学知识－普及读物 Ⅳ. ①Z228

中国国家版本馆CIP数据核字(2023)第048167号

北京市版权局著作权合同登记号：图字 01-2023-1345

进击的人类：了不起的发现

编　　者：日本《世纪大发现》编辑室
译　　者：刘　畅

出 版 人：宋　娜　　图书策划：周群芳
责任编辑：孙豆豆　　责任校对：岳智勇
责任印制：杨　骏　　封面设计：万　聪
出版发行：文化发展出版社（北京市翠微路2号 邮编：100036）
网　　址：www.wenhuafazhan.com
经　　销：全国新华书店
印　　刷：天津图文方嘉印刷有限公司

开　　本：787mm × 1092mm　1/16
字　　数：91千字
印　　张：9
版　　次：2023年5月第1版
印　　次：2023年5月第1次印刷

定　　价：58.00元
I S B N：978-7-5142-3950-8

◆ 如有印装质量问题，请电话联系：010-68567015

前 言

本书结合插图向读者简明介绍了世界上各种伟大发现事件的发现经过，以及关于发现的物品和人物的故事。从几亿年前非常古老的恐龙化石到数千年前的古代文明遗迹，从伟大科学家们的精彩发现到我们对月球和火星等未知世界的探索……让我们跟随神秘的发现学教授和好奇心旺盛的助手一起来学习吧。

关于文字

尽量不使用复杂难懂的词汇，必须要用到的时候也会配有注解。

关于人名和国家名

人名基本会采用比较接近其出生国或所在国发音的音译名。世界各国的国名我们也基本上采用日常的俗称而不是正式名称，例如：美利坚合众国——美国，中华人民共和国——中国等。不过当国名相同或相近的时候，为了便于区分，我们会采用正式名称，例如：刚果共和国和刚果民主共和国。

关于标记

本书中没办法详细说明的内容会标记★号，难解词汇会标注 ※ 号，然后在该页下方作简单说明。

关于年代的表记

本书中主要的年代，特别是“公元前”的年代，都采用了“距今 × × 年”这样简明易懂的表述方式（解说框中的一部分年代采用了“公元前”的表述方法）。关于“公元后”的年代，都用“公元纪年”或者“世纪”（1903 年、16 世纪等）。例如，公元 2005 年，应该标记为 21 世纪而不是 20 世纪。所谓“世纪”，因为是从公元元年开始算的，因此 1 世纪其实指的就是从公元元年到公元 100 年之间的时间。公元 101 年到公元 200 年就是 2 世纪了。“公元元年”指的是在世界范围内以相传的耶稣诞生之年作为公元元年。本书也采用这种公元纪年方式。世界上有很多种历法，像伊斯兰历等，很多国家也有自己的纪年方式。

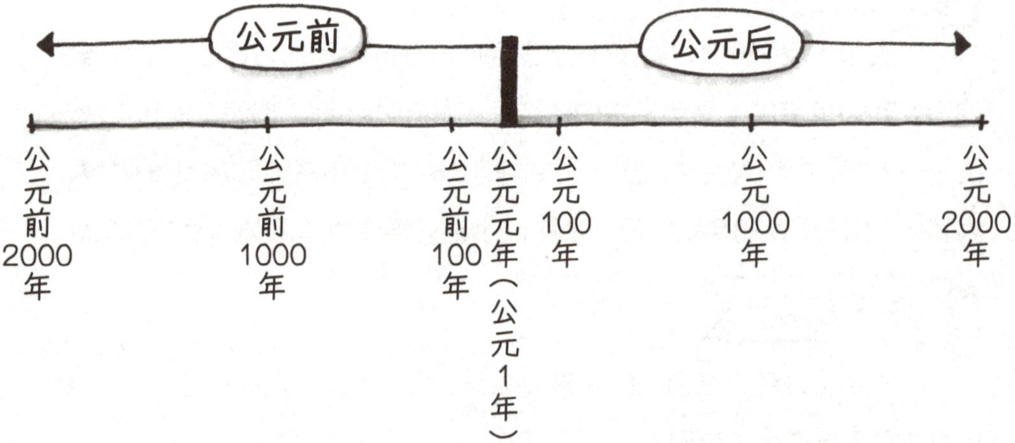

目录

世界的文明和遗迹

目录

科学世界的奥秘

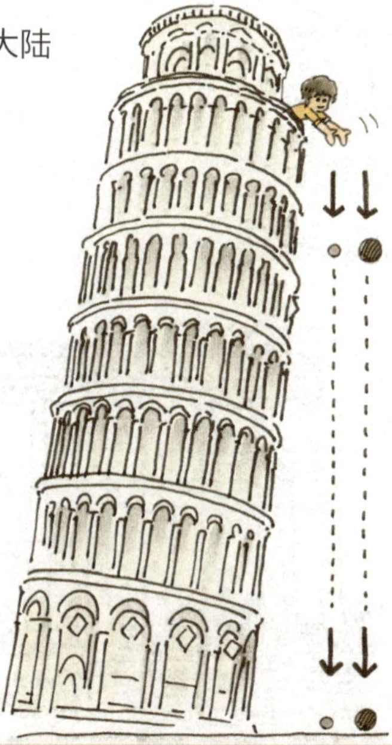

目录

向未知世界的探索

远古的地球和动物

发现恐龙

最初被误认作“蜥蜴”！

恐龙生活在距今 2.5 亿年前到 6600 万年前的中生代，属于爬行类的一员。1822 年英国医生曼特尔发现的禽龙牙齿化石是世界上发现的第一枚恐龙化石。当时人们尚且不知道恐龙这种生物的存在，所以并不知道这个化石是什么动物的。不过这个牙齿化石和美洲鬣蜥的牙齿非常相似，所以人们于 1825 年把它作为“古代巨大美洲鬣蜥牙齿化石”公布出来。1841 年，英国的欧文博士把这种巨大的动物命名为恐龙（Dinosauria），源于希腊语“恐怖的蜥蜴”一词。

生活在侏罗纪时期的恐龙

美颌龙
(Compsognathus，有可爱的下颚)
全长可达 1 米

剑龙
(Stegosaurus，意为“有屋顶的蜥蜴”)
全长可达 7～9 米

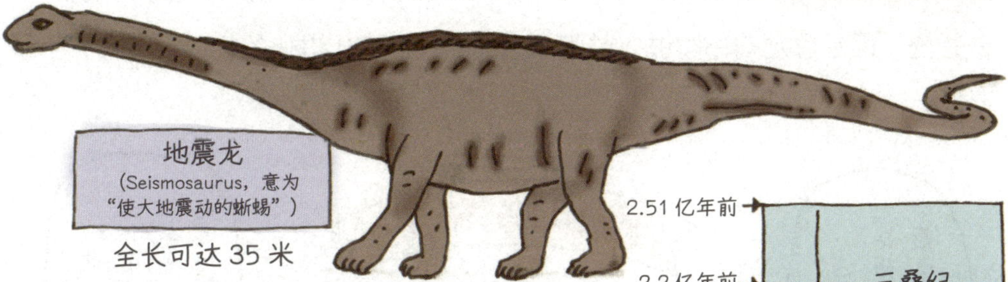

地震龙
(Seismosaurus，意为“使大地震动的蜥蜴”)
全长可达 35 米

生活在白垩纪时期的恐龙

霸王龙
(Tyrannosaurus，意为“暴君蜥蜴”)
全长可达 13 米

三角龙
(Triceratops，脸上有三根角)
全长可达 8～9 米

恐龙生存的时代

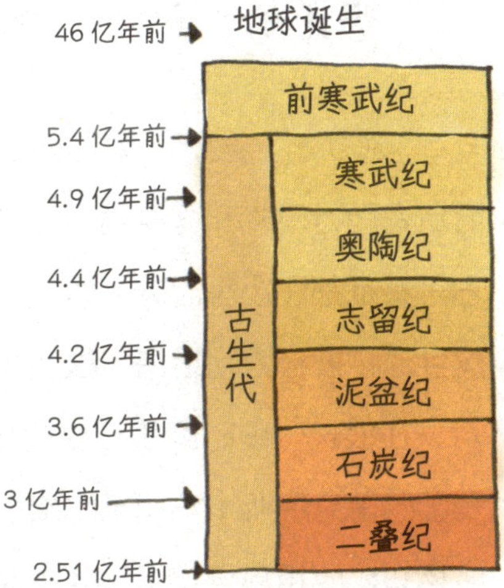

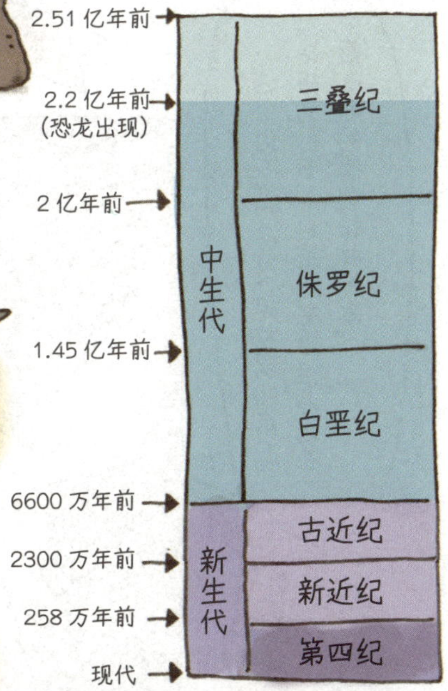

★迄今为止发现的恐龙化石大约有 540 种，不过据说这只是曾经真实存在的恐龙中的一小部分。

神秘的始祖鸟

恐龙的一种？鸟的祖先？还是进化的停滞？

1860 年，人们在德国南部的索伦霍芬发现了一种动物的化石。它同时具有爬行动物和鸟类两方面的特征。细密排列的牙齿、三趾前足、长尾巴等特征都和小型恐龙一模一样，但是全身却覆盖了和鸟类一样的羽毛。这种动物被称为始祖鸟，生活在距今约 1.5 亿年前的侏罗纪。

在很长一段时间里，始祖鸟都被认为是鸟类的祖先，但是 1986 年在美国的得克萨斯州发现了比始祖鸟早 7500 万年的原鸟（Protoavis）化石。它拥有比始祖鸟更接近鸟类的特征，因此现在认为始祖鸟并不是鸟类直接的祖先，而是恐龙向鸟类进化过程中出现的一种停止进化的物种。

化石的形成

死在湖泊、河流附近的动物尸体沉入水底。

尸体被埋在沙土下面，然后上面继续沉积沙土形成地层。

皮肤和肉腐蚀殆尽，只留下骨头、牙齿等部分，长年累月石化成化石。

地层隆降（地层向上拱起向下沉降）导致化石露出地表。

始祖鸟复原图

生活在侏罗纪晚期，
全长约 50 厘米。

生活在海洋里的活化石

腔棘鱼在 3 亿年前就有了！

腔棘鱼主要生活在古生代的泥盆纪到中生代末期，是一种类属于总鳍亚纲的古代鱼类。人们曾经认为它已经灭绝了，但是 1938 年在南非东南部的印度洋却捕获了活的腔棘鱼，之后在南非和马达加斯加岛之间的海域以及科摩罗群岛周边的海域又捕获了很多只。1950 年腔棘鱼作为一种活化石被世界所认知。1998 年在距离科摩罗群岛 1 万千米远的印度尼西亚苏拉威西岛北部海湾还捕获了新种类的腔棘鱼。

体长可达 1.5 米，身体呈深蓝色，身体表面覆盖特殊的珐琅质鱼鳞，花纹看起来有凹凸感。

住在海底的岩石洞穴里，繁殖方式是卵胎生。

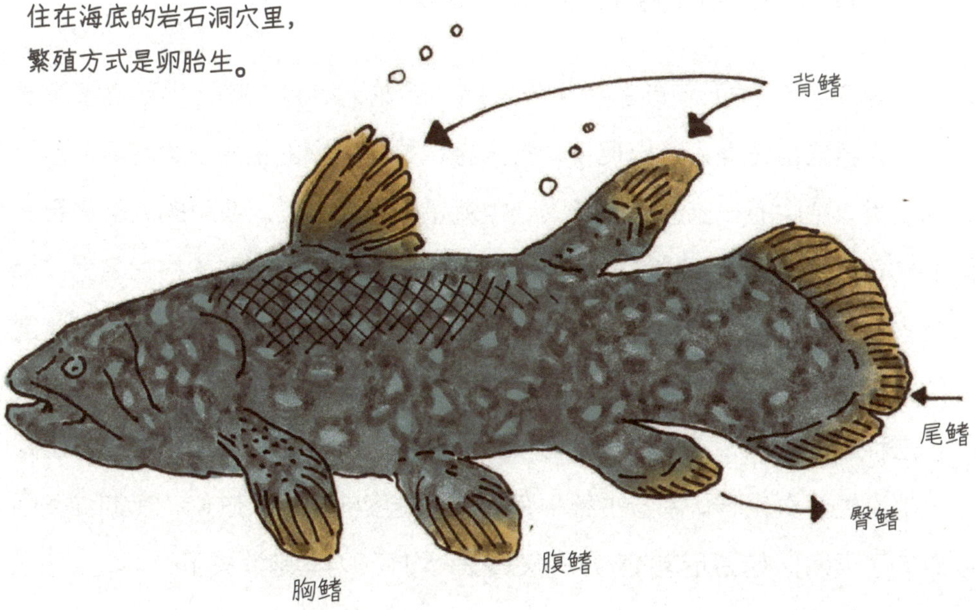

寻找人类的祖先

最早的人类像大猩猩一样？

距今约6550万年前的中生代末期，恐龙灭绝后，哺乳类动物繁荣发展，人类的祖先类人猿出现了。类人猿也是黑猩猩的祖先。大约700万年前，类人猿中的一支进化成猿人，也就是最早的人类。最早的人类化石是1924年在南非西北省的塔翁地区出土的猿人头盖骨，其主人被命名为“南方古猿”。1974年，人们在埃塞俄比亚的阿尔法洼地发现了约318万年前的女性猿人化石，也就是俗称的“露西”，该种猿人被命名为南方古猿阿尔法种。2000年，人们又发现了更古老的、距今约330万年前的阿尔法猿人的女性全身化石。南方古猿中有的种类继续向原始人进化，有的种类则走向了灭绝，但是所有的南方古猿都在大约120万年前消失了。

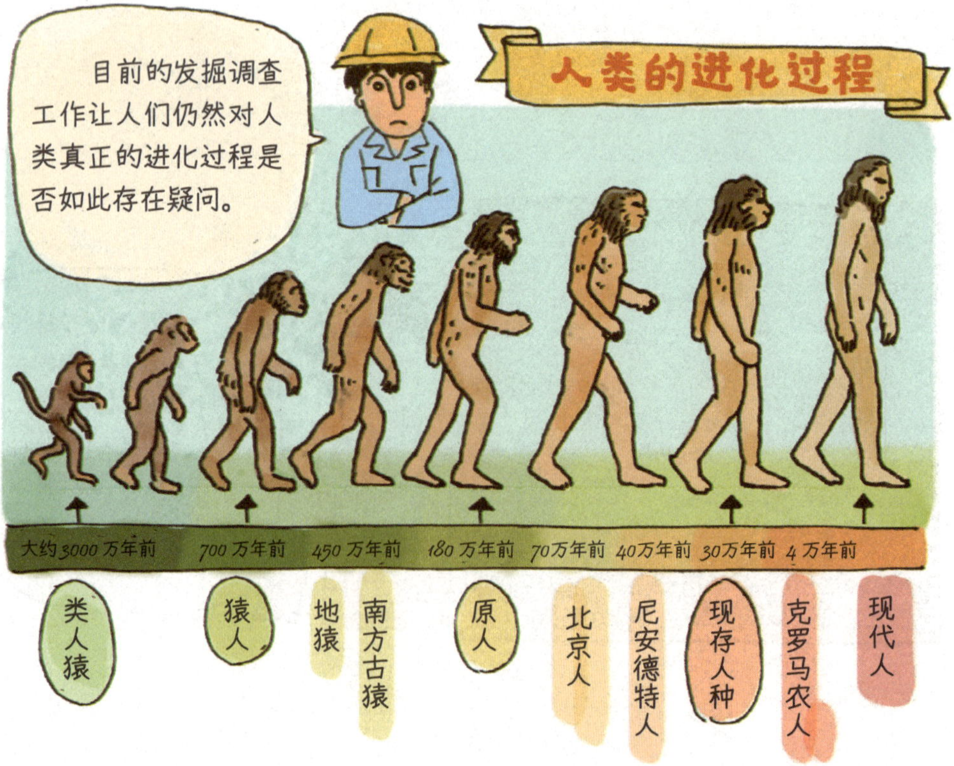

南方古猿

大脑比黑猩猩稍微大一点，400～500毫升。

相比人类更像大猩猩。双脚呈外八字。

1992年，日本古人类学家诹访元在埃塞俄比亚大约440万年前的地层中发现了一颗牙齿化石，它的主人之后被命名为“地猿始祖种”。这是比南方古猿更古老的人类。这个叫作“阿尔迪”的地猿始祖种女性化石是现存最古老的人类全身骨骼化石。

莱托里足迹

在坦桑尼亚莱托里发现的约360万年前的足迹。

会用火的北京人

70万年前的北京人已经会烤肉吃啦！

被称为直立人的原始人在距今约 180 万年前出现，为了寻求比非洲大陆更容易生存的土地，他们向着地球上的不同地区迈出了自己的脚步。1921 年，在北京附近周口店的龙骨山里，瑞典地质学家安特生发现了大量的动物骨骼化石以及一颗人类的牙齿化石。1929 年，中国的考古学家裴文中又在此发现了头盖骨化石，被证实是距今约 70 万年前的原始人类化石，后命名为北京人（Homo Erectus Pekinensis）。在周口店的山洞里，除了这些骨头化石，人们还发现了燃烧后的灰烬和烧焦的动物骨头，这证明北京人已经开始用火了。但是北京人好像还不知道如何生火，他们很有可能是将雷击引起的山火作为火种保留下来使用的。

北京人复原像

大脑比猿人更大了，达到 1000 毫升，身高大约为 150 厘米。

北京人的生活

北京人居住在山洞中，
会制作工具，会用火。

会用石器将打猎捕获
的猎物分割成小块。

将动物的肉放在火
上烤熟再食用。

用石头制作剥动物
皮毛和切肉的工具。

整晚燃烧的火堆可以
防止危险的动物接近
山洞，还能起到照明
的作用。

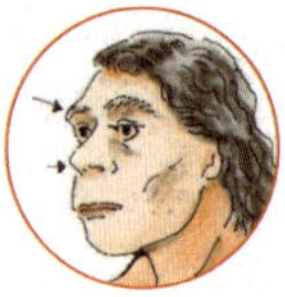

会埋葬死者的尼安德特人

几乎所有的现代人都有尼安德特人的基因！

1856 年，在德国杜塞尔多夫附近的尼安德特山谷里发现了比原始人大脑更大的人类头骨化石，人们把它们的主人命名为尼安德特人。他们从大约 40 万年前就在欧洲和西亚的广阔地域内生活了。他们大量使用石质工具，在居住的山洞里建造火炉，穿着毛皮衣物，还会埋葬死者。在伊拉克进行的发掘和研究中，人们从埋葬死者地点周围的泥土中发现了大量的花粉，这证明了尼安德特人还会向死者献花的事实。1993 年，在叙利亚德德里耶（Dederiyeh）的洞穴里发现了距今 5 万年以上的儿童骨骼化石，与之埋在一个坑里的还有一个石枕。尼安德特人在 3 万年前就灭绝了，但是最近的研究发现，几乎所有的现代人都继承了 1% ~ 4% 的尼安德特人的基因。这说明，尼安德特人和我们的直接祖先智人在某个时期曾经共存过。

尼安德特人的头盖骨 → 复原像

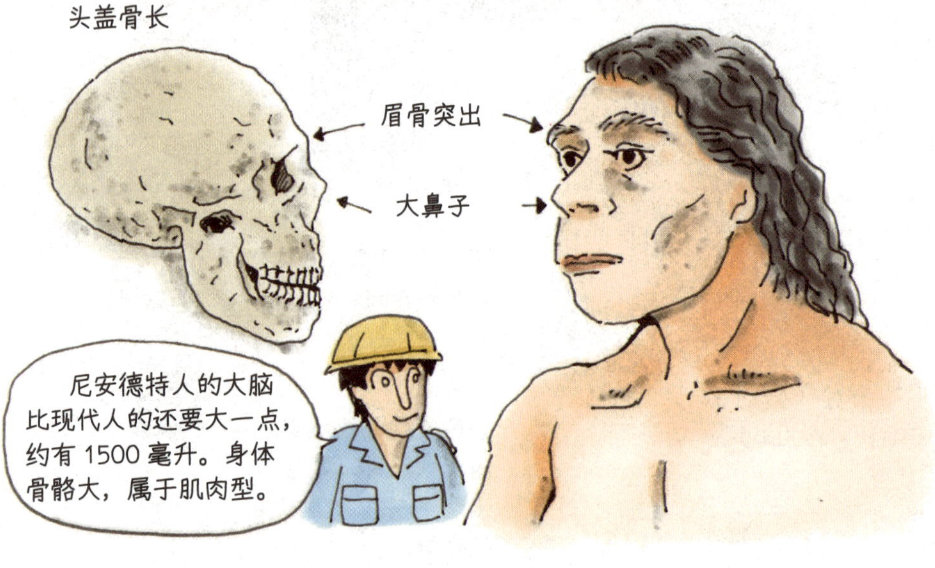

德德里耶出土的儿童骨骼化石

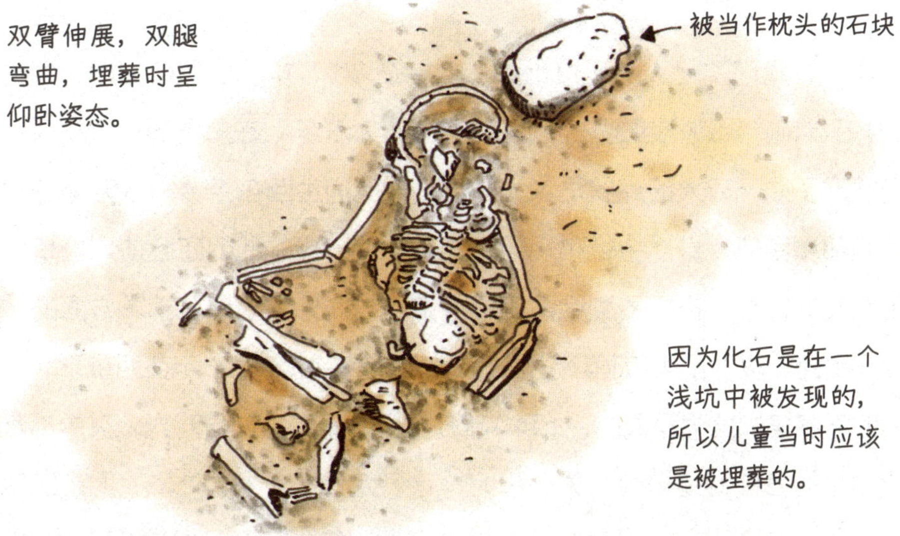

复原后的头盖骨

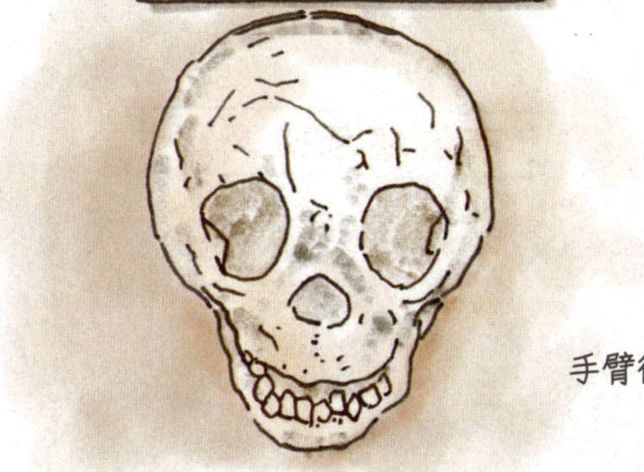

⇨ **大概是这样？**

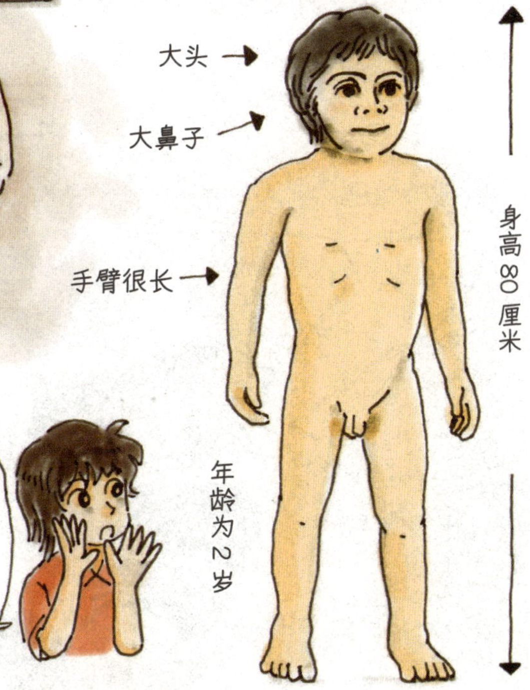

头大是尼安德特人的显著特征。这个2岁幼儿的头部尺寸和现在6岁左右的孩子差不多。

智人的出现

制作武器、绘画、种粮食、养牛羊！

智人是我们现代人的直接祖先，他们在 30 万年前出现在非洲，到距今 10 万年前，足迹已经遍布西亚和欧洲。1868 年，在法国的克罗马农，人们发现了属于智人的克罗马农人的化石。他们生活在距今约 3 万年前的欧洲西部和南部，身体特征和现代人几乎一模一样。他们还会使用兽骨和兽角制成的标枪、投掷器和弓箭等进行狩猎。此外，他们在艺术方面的才能也很出色，留下了诸如洞窟壁画之类珍贵的作品。1879 年在西班牙北部发现的阿尔塔米拉洞窟遗迹，1940 年在法国发现的拉斯科洞穴，其中都有栩栩如生的各种动物壁画。关于智人，除了克罗马农人之外，人们还发现了意大利的格里马迪人、中国的周口店山顶洞人等化石。大约在 1 万年以前，智人开始像现代人一样发展农业，饲养牛、羊等家畜，后来逐渐建立城市并发展自己的文明。

阿尔塔米拉洞窟壁画

西班牙北部。
1.85 万年前～ 1.4 万年前。

拉斯科洞穴壁画

南非。1.73 万年前～ 1 万年前。

世界上最大的蜥蜴

科莫多巨蜥曾被误认为恐龙！

1911 年，一位美国飞行员驾驶一架小型飞机低空飞过印度尼西亚的科莫多岛上空时，无意间在岛上丛林里发现了像恐龙一样的动物。爪哇岛茂物植物园的欧文斯听闻这个消息立即展开了调查。根据他的调查，我们得知这种动物属于爬行类巨蜥的一种。这种巨蜥只生活在印度尼西亚的科莫多岛及其周边的几个岛上，所以被称为科莫多巨蜥，也被叫作科莫多龙。最大的科莫多巨蜥全长有 3 米，体重达 130 千克，是世界上最大的蜥蜴。它们白天外出寻找猎物，夜里会藏进洞穴里。食物以鹿、野猪和鼠类为主，也吃腐肉。

科莫多巨蜥

平均体长 2 ～ 3 米，
体重 50 ～ 130 千克。

分叉的舌头

长长的黄色舌头，
前端分叉。有尖锐的爪子。

同性之间的打斗

雄性科莫多巨蜥会为了争得雌性的青睐大打出手，配合强力摆尾做激烈搏斗。

惊人的奔跑速度

它们会伏击鹿和野猪，还会追赶和狩猎野鸡。追击时它们会展现出惊人的奔跑速度。

喜欢日光浴

它们会一动不动地享受日光浴，
通过晒太阳让自己的身体热起来。

有趣又珍贵的獾㹢㹢

脸像长颈鹿，身体像马，腿和臀部像斑马！

獾㹢㹢（huò jiā pí）是“世界三大珍稀兽类”之一，生活在非洲中部刚果民主共和国的丛林中，是长颈鹿的同类。1901 年英国探险家亨利·约翰顿发现了獾㹢㹢。当时根据它的身体大小和颜色，人们认为它是马的同类。但是它的蹄子分两趾，舌头很长，脸部的骨骼结构等都和长颈鹿非常相似，所以之后又推测它是从古长颈鹿进化而来的。獾㹢㹢喜欢独居，以树叶和果实为食。

㺢㹢狓

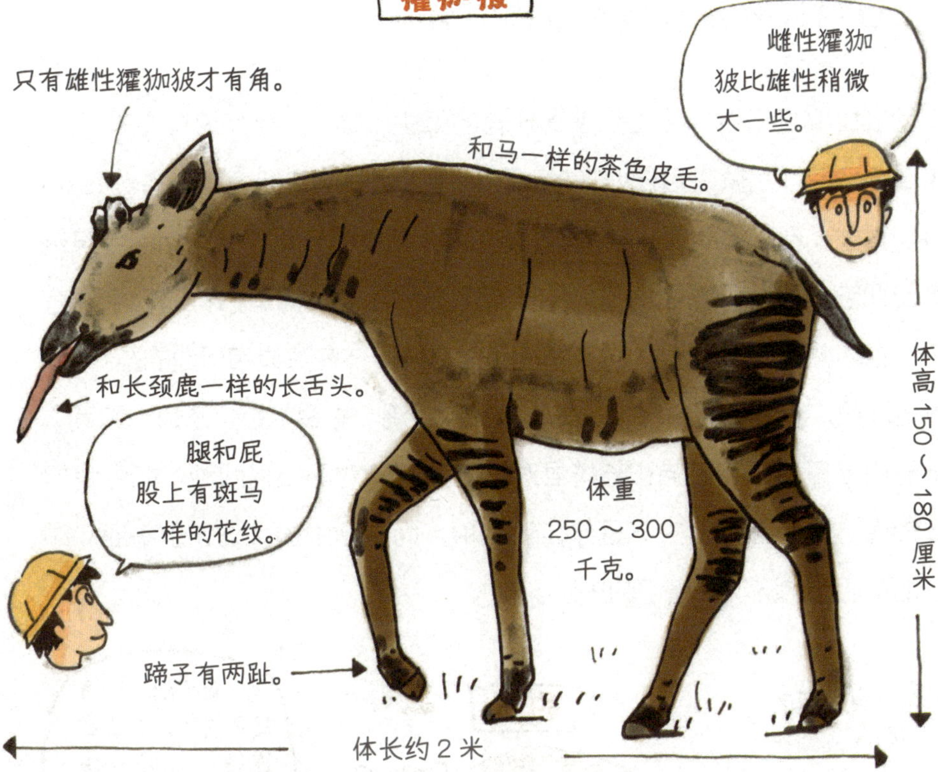
只有雄性㺢㹢狓才有角。
雌性㺢㹢狓比雄性稍微大一些。
和马一样的茶色皮毛。
和长颈鹿一样的长舌头。
腿和屁股上有斑马一样的花纹。
体重 250 ～ 300 千克。
体高 150 ～ 180 厘米
蹄子有两趾。
体长约 2 米

这就是
世界三大珍稀兽类
① 㺢㹢狓
② 大熊猫
主要生长在中国的四川省，体长 120 ～ 150 厘米。
③ 倭河马
生活在非洲西部，只有普通河马一半大小。

会游泳的山猫

目前只有日本的西表岛才有！

西表山猫是日本冲绳县西表岛独有的野生山猫※，现存约有 100 只。西表山猫很早以前就生活在西表岛，岛上的人们称呼它们为西表猫。1965 年科学界才发现这种动物的存在。1967 年，日本国立科学博物馆的今泉吉典博士把它作为一种新的山猫物种正式公布。西表山猫是猫科动物中少有的不怕水的种类，擅长游泳和在水中捕食。它们居住在海边和河边的丛林里，猎食范围很广，包括野猪幼崽、鼠、蝙蝠、秧鸡、蜥蜴、蛙、蟋蟀、蛇等。日本的山猫只有西表山猫和长崎县对马岛独有的对马山猫两种。如今我们已经知道这些山猫其实并不是什么新品种，而是和中国大陆、东南亚、印度等地生活的豹猫存在密切的关系。

分布在亚洲广阔区域内的豹猫，体长 45 ～ 95 厘米，体重 3 ～ 7 千克。

体长 50 ～ 60 厘米，体重 3 ～ 5 千克。

1908 年被发现，体毛颜色在栗色到奶油色之间，有深棕色花纹。体长 50 ～ 60 厘米，体重 3 ～ 5 千克。

这就是 西表山猫！

家猫和山猫的分辨方法

※ **山猫：** 山猫和家猫（人工饲养的猫）同属猫科，但是种类完全不同。家猫被遗弃变成流浪猫是不能叫作山猫的。

世界的文明和遗迹

目前所知世界最古老的文明

诞生于两河流域的苏美尔文明

美索不达米亚※位于底格里斯河和幼发拉底河的交汇处，这里诞生了目前所知世界上最古老的文明。距今大约5500年前，苏美尔人在这块土地上建造了乌尔和乌鲁克等城市。1927年，英国大英博物馆的查尔斯·伦纳德·伍莱主持发掘了乌尔王陵。陵墓中除了王后和黄金宝物，还有众多的殉葬者（随身份地位高的人一起被埋葬的人）等。

《乌尔王军旗》（战争情节图）

※ **美索不达米亚：** 希腊语意为“河流之间的土地”，在现在的伊拉克附近。

乌尔王陵出土文物

装饰有牛头的王后里拉琴（竖琴）

王后的头饰

纯金打造的短剑

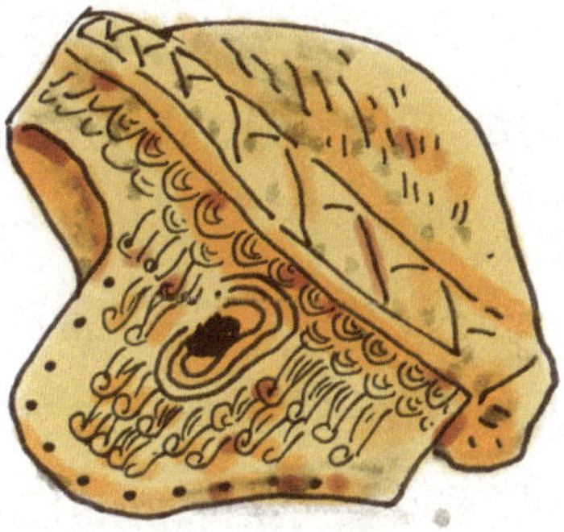

黄金
头盔

苏美尔文化

苏美尔人用晒干的泥块建造房屋，种植麦子制作面包，还会以麦子为原料酿制啤酒。他们在泥板上用芦苇秆做笔写字，创造出了独特的楔形文字，留下了大量的泥板文书。在古巴比伦时期，人们将苏美尔的各种传说记录下来，创作出了《吉尔伽美什史诗》。据说《圣经·旧约》中伊甸园、诺亚方舟等故事的原型都出自其中。此外，苏美尔人还创造出了以月亮的盈亏来计算年月的太阴历和现在仍然用于计算时间的60进制。

泥板文书

巴比伦王国与《汉谟拉比法典》

“以牙还牙，以眼还眼；身份不同，罪责不同”

距今约 4000 年前，巴比伦王国以巴比伦城为都城统治美索不达米亚。第六代国王汉谟拉比将苏美尔时代流传下来的一些法律条文汇总起来，编制了《汉谟拉比法典》。这是完整流传至今最古老的法典，1901 年由法国考古队在伊朗的苏撒发掘出来的。《汉谟拉比法典》的两大特殊原则是“以牙还牙，以眼还眼”和“身份不同，罪责不同”。例如，一个人弄瞎了另一个人的眼睛，如果被害者是贵族，那么犯罪者要自毁眼睛抵偿；如果被害者是平民，那么要罚款 1 谢克尔白银（当时的金钱计算单位，1 谢克尔约等于 8 克白银）；如果被害者是奴隶的话，只需要支付一半的罚款就可以了。

高 2.25 米。

黑色的圆柱上用楔形文字雕刻记录了 282 条法令。

与《汉谟拉比法典》一起被发现的还有汉谟拉比王头像。现收藏于法国卢浮宫美术馆。

新巴比伦王国——尼布甲尼撒二世的空中花园

古巴比伦王国灭亡大约 1000 年以后，也就是距今约 2600 多年前，同样以巴比伦城为都城的新巴比伦王国开始统治美索不达米亚。尼布甲尼撒二世当国王的时候是国家最鼎盛的时期。传说，他的王后来自绿树成荫的异国他乡，而巴比伦城位于沙漠之中，为了缓解王后的思乡之情，尼布甲尼撒二世建造了一个空中花园。现在复原出来的伊什塔尔城门和被称为巴别塔的神庙都是那个时代的产物。

复原出来的伊什塔尔城门

1899 年由德国调查队发现，是用蓝色琉璃砖建造的门。

巴别塔神庙

有七级台阶的金字塔状建筑，最上面有一座神庙。

巴比伦空中花园

据说这个阶梯状的建筑物上面种满了树和各种植物，中间有水路连接。

因为太大了，从远处看就像吊在空中一样，所以被称为空中花园。

“世界八大奇迹”之一

古埃及与金字塔的秘密

来自尼罗河的馈赠

“埃及是来自尼罗河的馈赠※”，就像古希腊历史学家希罗多德所说的，延续了近3000年的古埃及文明一直是围绕着尼罗河发展的。距今4600年前，古埃及的国王，也就是被称为法老的统治者们建造了大量的金字塔。其中最有名的是位于吉萨的胡夫金字塔、哈夫拉金字塔和孟卡拉金字塔3个。特别是胡夫金字塔，被选入“世界八大奇迹”。

胡夫金字塔的秘密

埃及最大的金字塔。底座每边长 230 米，高 146 米。

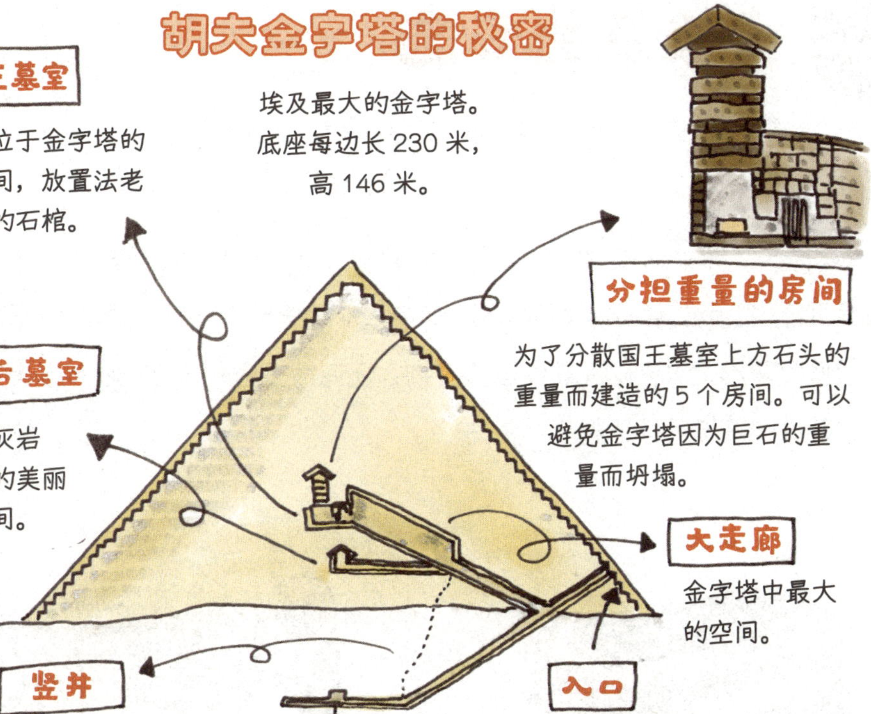

国王墓室

几乎位于金字塔的正中间，放置法老胡夫的石棺。

分担重量的房间

为了分散国王墓室上方石头的重量而建造的 5 个房间。可以避免金字塔因为巨石的重量而坍塌。

王后墓室

用石灰岩建造的美丽的房间。

大走廊

金字塔中最大的空间。

竖井

非常狭窄，只能容一人通过。

地下室

像洞窟一样的房间。

入口

金字塔真正的入口。但现在已经不能从这里进入了。

古埃及人的文化

古埃及人信仰以太阳神拉为主神的诸神，相信死后灵魂不灭，因此他们将尸体制作成木乃伊，并连同用以祈祷死者来世幸福的《死亡之书》一起埋进坟墓。古埃及人还会用生长于河边的纸莎草制作纸张，用象形文字记录各种故事和事件。他们使用叫作太阳历的历法，规定一年有365天。他们还使用十进制（将1～10凑在一起）的算法。

※ **尼罗河的馈赠：** 尼罗河在每年 7 ～ 10 月泛滥时，会把上游肥沃的泥土带到下游，这样下游不用施肥就能够一年种植并收获 2 ～ 3 次，这让埃及人的生活越来越富足。

古埃及的奇迹

埋葬3000年完好无损的图坦卡蒙陵墓

1922年，在埃及的底比斯附近的帝王谷，一座完好无损的国王陵墓重现于世。英国考古学家霍华德·卡特和卡纳冯勋爵一起发掘了这座陵墓。这座陵墓出土了约2000件黄金宝物，还有很多埋葬了3000年以上的古埃及法老图坦卡蒙的物品。

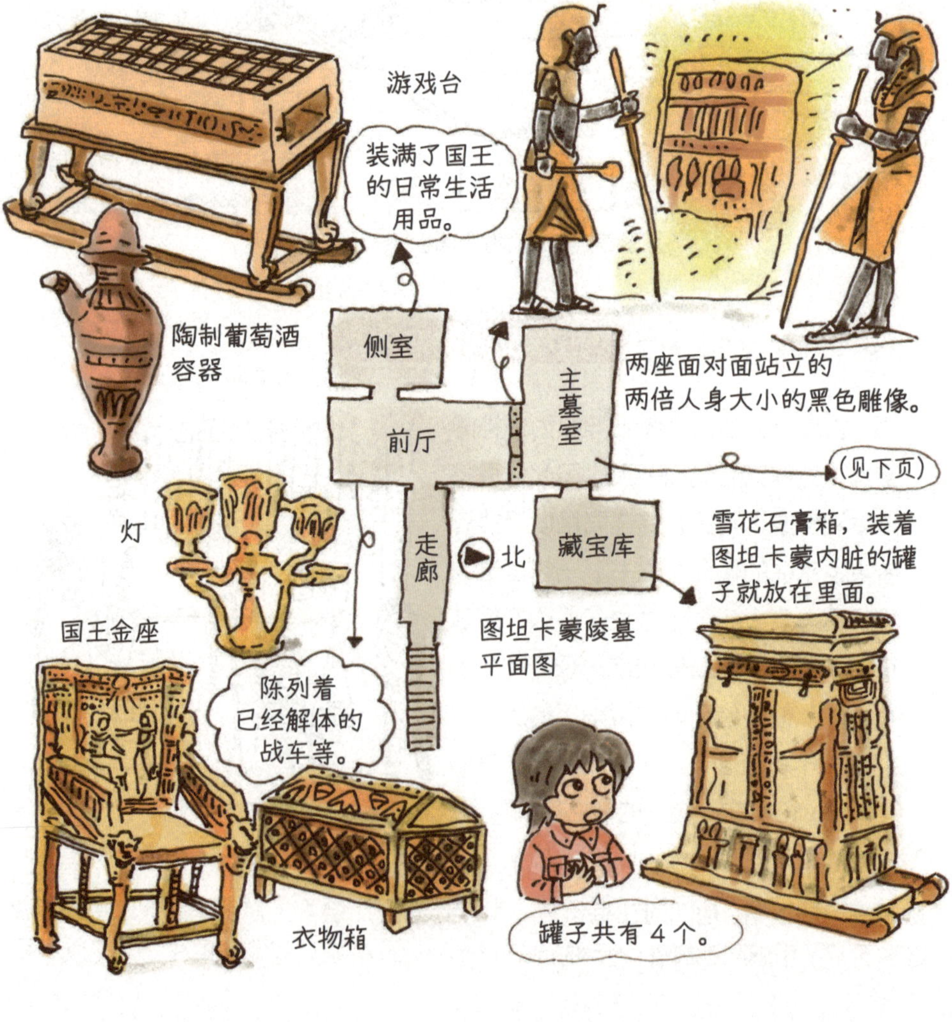

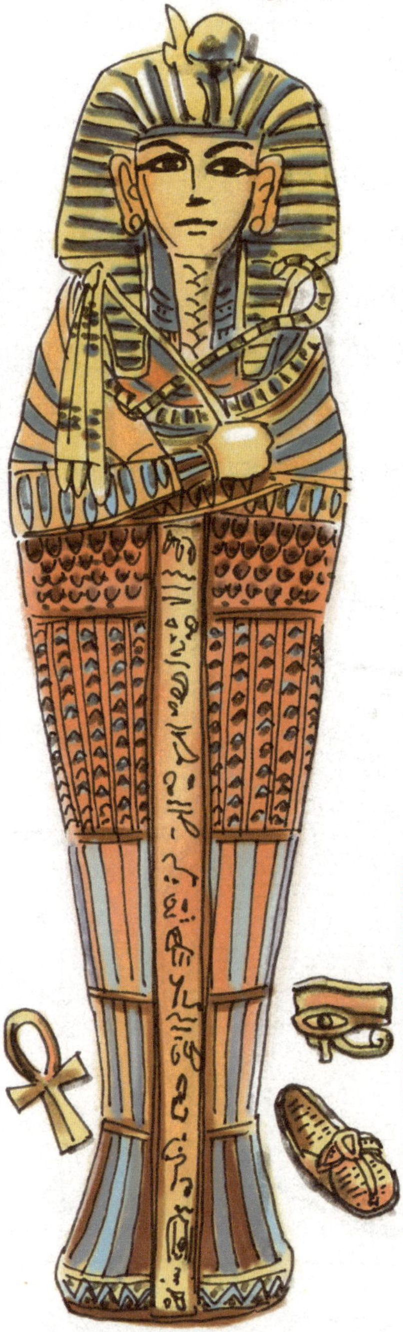

带着黄金面具的图坦卡蒙木乃伊（主墓室）

古埃及人相信有死后的世界，所以他们建造陵墓，将其作为死者永久居住的住所。他们认为即使身体死了，灵魂也会一直存在，所以他们将死者的尸体制作成木乃伊，连同死后的生活必需品和宝物一起埋进陵墓。但是这些宝物引来了很多盗墓贼，于是国王们开始在偏僻的地方建造陵墓。这个地方就是现在的“帝王谷”。可是即使这样，还是有盗墓贼找到了这里。谷里几乎所有的国王陵墓都遭到了破坏，只有一个例外，那就是图坦卡蒙陵墓，只有它完好无损地保存了下来。

短命的少年国王和王后的信件

公元前1333年左右，9岁的图坦卡蒙即位，可是他年仅19岁的时候就死了。他与王后埃克森娜蒙没有孩子，所以王后写信给当时与埃及并驾齐驱的赫梯帝国国王说“把你的孩子给我一个吧”。不过，赫梯国王子在到达埃及之前就被人暗杀了。

★**法老的诅咒：**这次大发现几个月以后，以卡纳冯勋爵为首，多名与发掘相关的人员接连因生病和事故身亡，人们纷纷猜测这会不会是“法老的诅咒”。

古埃及象形文字之谜

一块石碑带来的惊人发现

1798 年，拿破仑率领法国军队向埃及出发开始远征，同行的还有一支由 170 位学者、技术专家和画家组成的埃及考古队。军队驻扎进了尼罗河口的罗塞塔村。1799 年，军队在修葺这一军事要塞的时候发现了一个黑色的石块，这个石块后被称为罗塞塔石碑（刻有文字并立在地上的石头）。石碑上用古埃及象形文（圣体书）、民众使用的简化象形文字（世俗体）和统治者使用的语言（古希腊文字）记录了相同的一段内容。

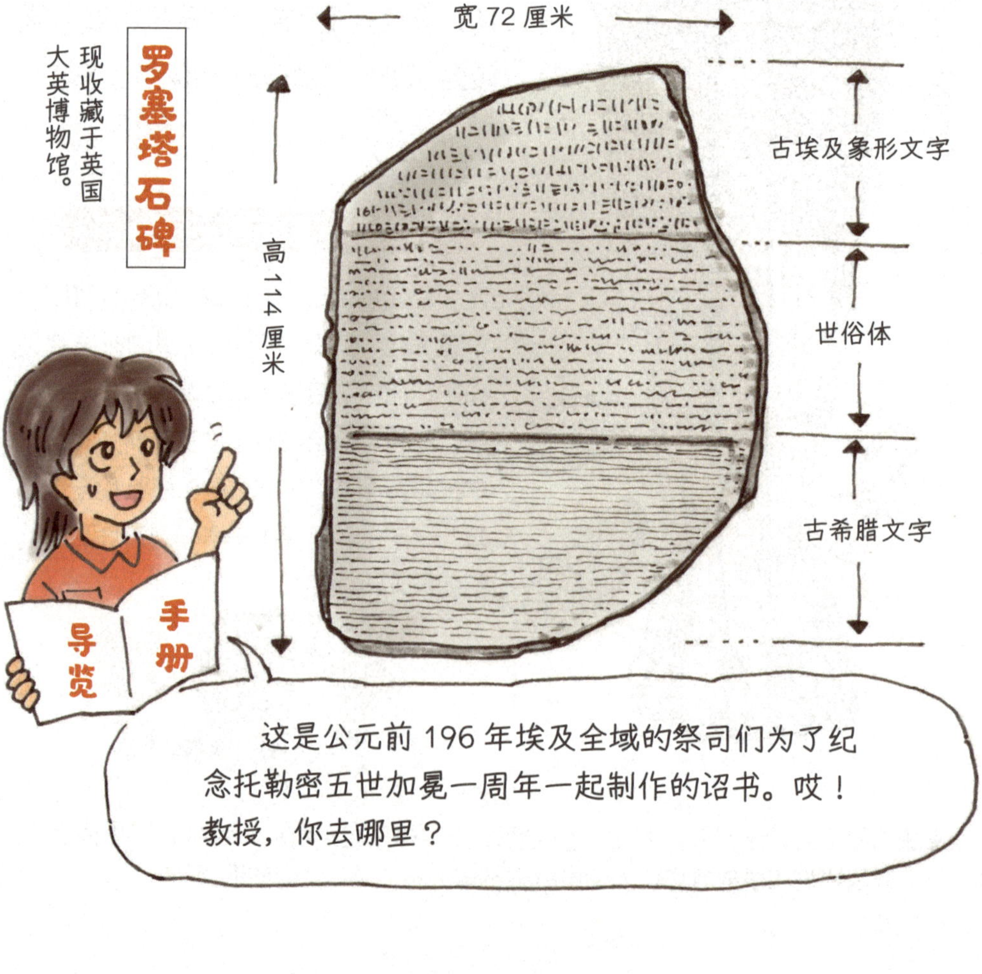

在发现罗塞塔石碑之前，没有人能够解读古埃及的象形文字。石碑出土之后，因为上面的古希腊文字是有人能够读懂的，所以越来越多的人以此为线索展开研究。法国语言学家商博良推测 3 种文字记录的是相同的内容，并在此基础上从古埃及象形文字中找到了与古希腊语中“托勒密”相对应的词语。1822 年，古埃及的这种象形文字终于被成功解读，解开了长久以来的谜题。

象形文字的读法

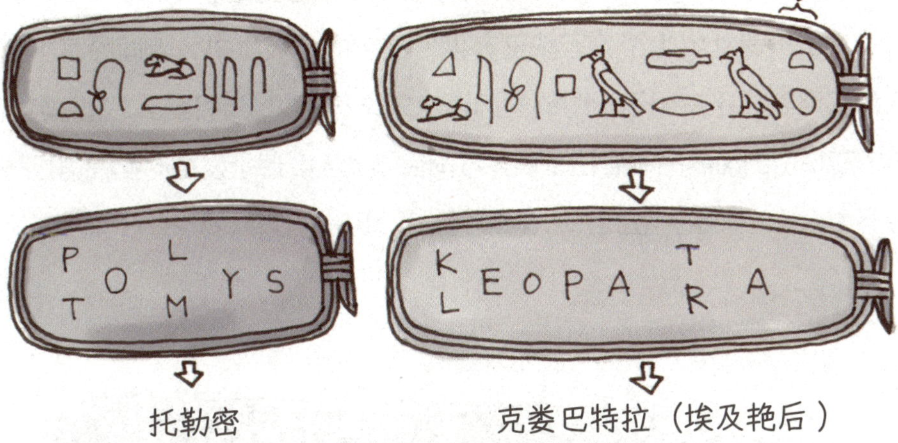

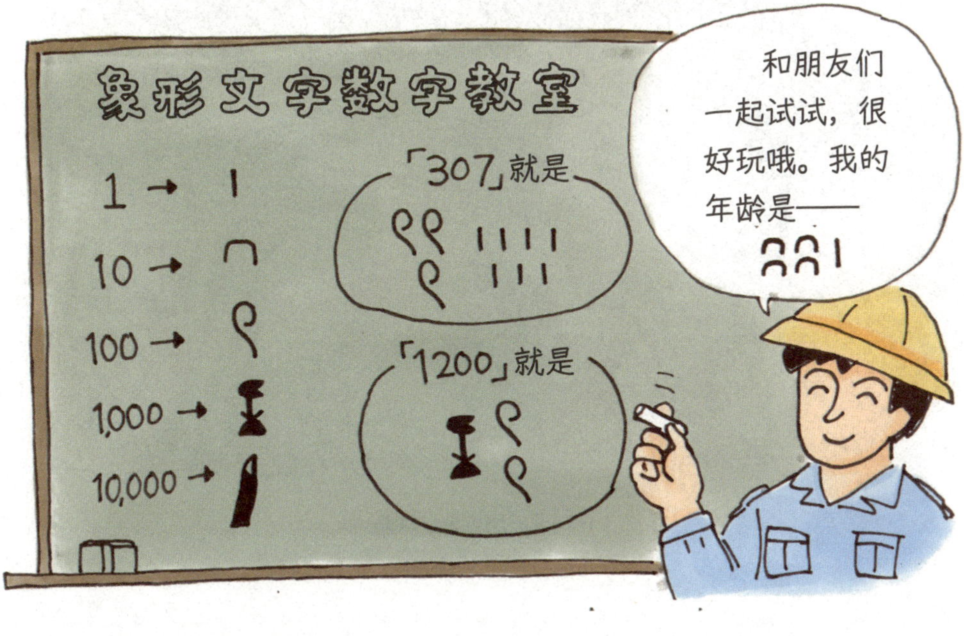

曾经与古埃及并存的赫梯帝国

多民族共居的国际大都市哈图沙

距今 3600 年前，拥有铁质武器和马拉战车的赫梯帝国统治了安纳托利亚※高原。当时的首都哈图沙位于土耳其安卡拉的东面，博阿兹柯伊附近。在赫梯人统治这个区域之前，这里居住的是哈提人，据说赫梯帝国的炼铁技术就来源于哈提人。哈图沙遗迹是 1834 年由法国人查尔斯・特克什发现的，发掘工作则是德国考古学家雨果・温克勒于 1906 年主持进行的。王宫遗址出土了 1 万块刻有楔形文字的泥板文书，上面除了主要的赫梯语外，还使用了当时的国际语言阿卡德语等 7 种语言。这说明当时的赫梯帝国国内同时居住了很多不同民族的人。遗址发掘时赫梯语是一种不为人知的文字，直到 1915 年才被捷克语言学家赫罗尼兹解读出来。

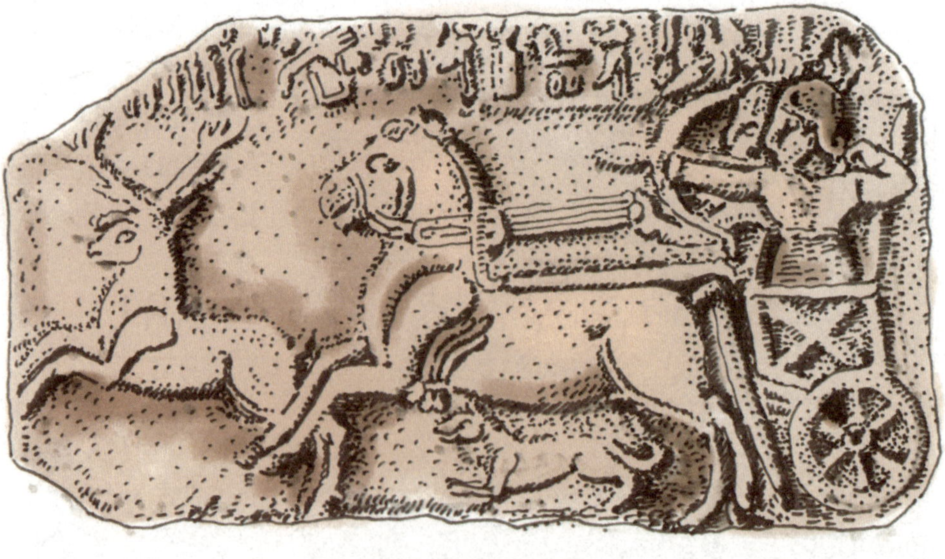

赫梯的战车浮雕

亚兹里卡亚

利用自然的岩石裂缝建造的神殿。墙上画有天气和风暴之神泰舒卜及太阳女神赫拜塔的形象。

哈图沙的狮子门

阿拉恰赫遇村出土的鹿雕像

赫梯帝国与埃及的和平条约

公元前1274年，赫梯和埃及在叙利亚的卡迭石开战，战后两国缔结了和平条约。在埃及的卡纳克神庙里发现了用象形文字记录的当时战争的情形，以及之后缔结的条约内容。温克勒认为，在赫梯帝国应该也有同样的东西。后来的事情就像奇迹一样，真的在赫梯王宫遗址中发现了用楔形文字记录的《卡迭石条约》的泥板。

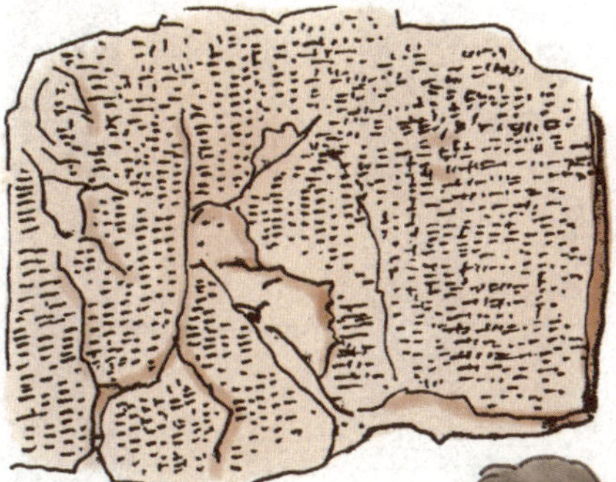

※ **安纳托利亚：**几乎涵盖了现在土耳其共和国在亚洲部分的全部区域。

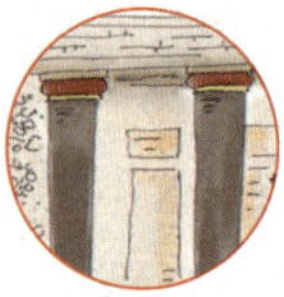

3500 年前的克里特海上文明

迷宫一般的克诺索斯宫殿

在希腊和土耳其之间广阔的爱琴海上有很多的岛屿，其中最大的就是克里特岛。这里诞生了克里特文明，它是蓬勃发展于 3500 年前的海上文明。1900 年英国考古学家亚瑟・伊文斯发现了克里特文明的中心——克诺索斯宫殿。宫殿中不仅有涂成红色或黑色的柱子，还有色彩鲜艳的壁画※。传说米诺斯王当年建造的这座克诺索斯宫殿，只要进去就会迷路再也出不来，像迷宫一样。实际的情况是，宫殿以中庭为中心，周围环绕了 1000 多个房间，真的就是一座迷宫。

牛头人身的米诺陶洛斯

在希腊神话中，米诺斯王的妻子帕西淮爱上了海神波塞冬送来的公牛，并生下了牛头人身的米诺陶洛斯。米诺斯王为了把这只怪物藏起来，让优秀的工匠代达罗斯建造了一座迷宫，将米诺陶洛斯关在里面。米诺斯王每年都要求雅典送来童男童女作为祭品给米诺陶洛斯吃。雅典王子忒修斯为了制服怪兽，把自己当作祭品进入了迷宫，然后在米诺斯王的女儿阿里阿德涅的帮助下，成功地制服了米诺陶洛斯。

克诺索斯壁画

王后室的海豚

戴百合花的王子

巴黎女人

克里特罐

上面画有章鱼的图案。

※ **壁画：** 在建筑物的墙壁或顶面绘制的画和图案。

特洛伊不只是传说

德国人施里曼发现了传说中的特洛伊及其木马

《荷马史诗》※ 中出现的特洛伊故事一直以来都被认为只是一个希腊神话传说而已。但是德国人海因里希 · 施里曼认为从小父亲给他讲的特洛伊战争的故事是真实发生过的。他会很多国家的语言，同时还是一个成功的商人，积攒了大量的金钱用于考古发掘。1870 年，他终于在土耳其的希沙里克山开始了发掘工作。这座山埋藏了不同时代的 9 个城市（从 5000 年前的第一座城市到罗马时代的第九座城市）。1873 年，他在发掘的第二座城市的遗址中发现了黄金的手环和耳饰等财宝。施里曼认为第二座城市就是《荷马史诗》里所说的特洛伊，并发表了论文。但是根据后来的研究，这之后发掘出来的第六座城市——也就是现在认定的第七座城市——才是特洛伊战争时代的。

特洛伊的财宝

佩戴了出土饰品的施里曼夫人。

盛产黄金的迈锡尼

施里曼除了特洛伊遗址，还在 1876 年发现了迈锡尼遗址。迈锡尼是和特洛伊同时期的一座繁华的希腊城市。在出土的众多纯金的宝物中有一个黄金面具最有名，被称为“阿伽门农黄金面具”。

希腊神话中特洛伊故事的主要内容是，赫拉、雅典娜、阿佛洛狄忒三位女神围绕“谁最美”的问题发生了激烈的争执。头疼的宙斯让特洛伊的王子帕里斯来回答这个问题。女神们为了自己能够当选最美之人，分别和帕里斯做出约定。赫拉答应给他财富和权力，雅典娜答应给他取得战争胜利的力量，阿佛洛狄忒则答应给他世界第一的美女。帕里斯最后选择支持阿佛洛狄忒，并迎娶了斯巴达王后海伦。他把海伦带回了特洛伊，因此引发了希腊和特洛伊之间一场长达 10 年的战争。《荷马史诗》中的《伊利亚特》叙述的是从战争的第 10 年开始的故事。英雄阿喀琉斯和赫克托耳奋勇作战，希腊军队迎来了最后一场战役。他们制作了巨大的木马，并让士兵藏在里面，然后佯装撤退将木马留在了特洛伊城门外。特洛伊军队看见希腊军队撤退了，就把木马拉进了城内。在寂静的深夜，藏在木马里的希腊士兵悄无声息地在城内放火，并和偷偷返回来的希腊大部队里应外合，终于摧毁了特洛伊。

《伊利亚特》中的英雄：
阿喀琉斯和赫克托耳。

※**荷马：**约2800年前的古希腊诗人。在他的作品中以描写特洛伊战争的《伊利亚特》和续写了特洛伊战争之后故事的《奥德赛》最为有名。

远古的地球和动物

世界的文明和遗迹

科学世界的奥秘

对未知世界的探索

古希腊奥林匹克运动会

一度允许运动员们赤身裸体参加比赛

古代奥林匹克运动会是为了祭祀宙斯神而举行的体育竞技活动。第一届奥林匹克运动会是大约 2800 年前在奥林匹亚城举办的。当时的希腊有很多城邦，彼此之间战乱不断，但是在召开奥林匹克运动会的时候，大家都会停战 3 个月。当时能够参加奥林匹克运动会的只能是男性的希腊国民。本来比赛时选手腰间是要缠上布的，据说有一次一个选手弄丢了腰间的布条，他赤身裸体奔跑并最后获得了胜利，于是那之后人们纷纷效仿，都赤身裸体参加比赛了。古代奥林匹克运动会持续了约 1200 年。现代奥林匹克运动会的开端是 1896 年的雅典运动会。直到现在奥林匹克运动会的圣火还要在奥林匹亚取得火种，然后在全世界传递。

在迄今为止的现代奥林匹克运动会历史上，因为世界大战等原因共停办过 5 次。

奥林匹克运动会的比赛项目

古代奥林匹克运动会的比赛项目最开始只有短跑一种。之后增加了跳远、掷标枪、掷铁饼和摔跤，比赛项目达到了 5 项。后来还增加了战车赛、赛马等内容。优胜者会被授予橄榄枝桂冠。

奥林匹亚遗址是在18～19世纪由英国、德国等国家的考古团队发现的。

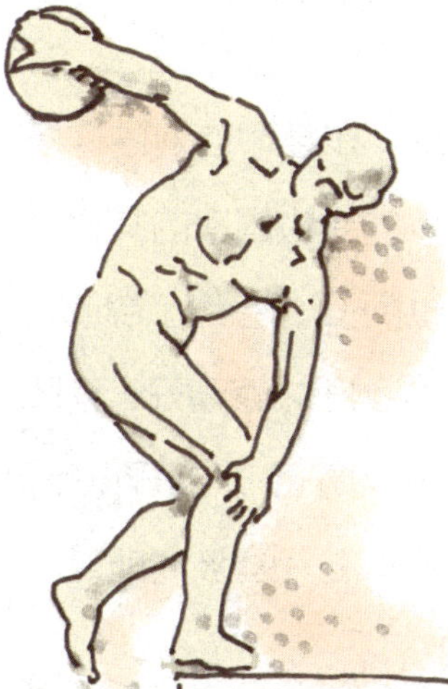

赫拉神庙

奥林匹亚最古老的建筑。现代奥林匹克运动会的圣火火种都是在这里取得的。

竞技场

能够容纳4万名观众的体育场。这里举行过各种各样的竞技活动。

宙斯神庙

据说有一座高12米的宙斯神像，是“世界八大奇迹”之一。

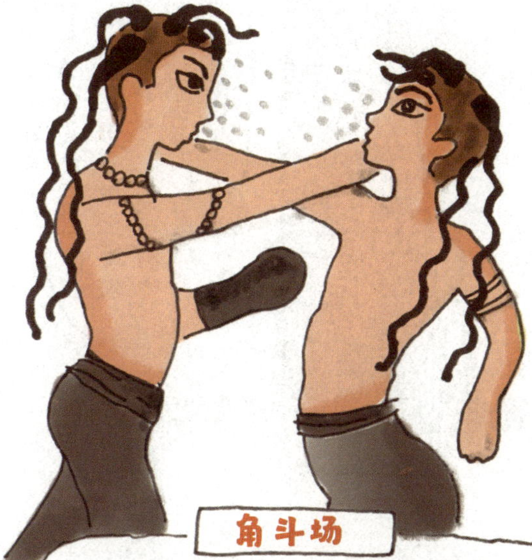

角斗场

摔跤和拳击的练习场，也作为参加奥林匹克运动会的选手们的准备活动室。

波斯国王大流士一世

历经三代国王才建好的帕塞波利斯大宫殿

波斯帝国是距今 2550 年前，有着西至爱琴海、东至印度河的辽阔疆域的大帝国。因为波斯国王大流士一世承认并接纳周边国家的文化和宗教，所以很多国家都会派使者来进贡，大流士一世还因此修建了御道。从大流士一世开始建设的帕塞波利斯大宫殿历经三代国王才修建好。宫殿里有由 100 根 14 米高的柱子构成的百柱大会厅，还有高 20 米的觐见厅，非常豪华。但是 2330 年前马其顿的亚历山大大帝在攻打帕塞波利斯时，烧毁了这座宫殿。

觐见厅

觐见厅是国王会见国外使者的场所。在台阶的墙壁上残留了大量刻有外国人进献贡品情形的浮雕。

来自土耳其南部地中海沿岸国家的西里西亚人进献羊。

进献骆驼的巴克特里亚人。

古波斯语楔形文字的解读

1835年，英国陆军中尉罗林森在伊朗的贝希斯敦村的铭文悬崖上发现了大流士一世作战胜利的纪念碑文。他爬上悬崖，一边小心地清理一边誊写，花费数年时间，终于将碑文全部抄写下来。然后他开始着手解读由古波斯语、阿拉米语和阿卡德语巴比伦方言的楔形文字记录的碑文，终于在1847年成功解读出了古波斯语。

刻在碑文中的波斯国宗教拜火教的阿胡拉·马兹达神。

亚历山大大帝远征

只用了 10 年就建立起来的前所未有的大帝国

距今 2300 年前，希腊北部的马其顿国王子亚历山大，因为父亲被暗杀，年仅 20 岁就继承了王位。为了完成父亲攻打波斯的遗志，他率领马其顿和希腊联合军队开始向东远征。出色的军事才能加上强大的军队力量，让他很快吞并了已经统一西亚的波斯帝国。接着他继续东征，经过埃及、中亚，然后跨过印度河到达印度，仅仅 10 年间就建立起一个空前强大的帝国。他接受被征服地区的文化和宗教信仰，也穿着波斯风格的衣物等，甚至还娶了巴克特里亚贵族的女儿和波斯国王的女儿。此外他也鼓励希腊士兵和波斯人通婚，这促进了东西方文化交流和人种的融合。但是，亚历山大大帝在巴比伦期间突发疾病，年仅 32 岁就死了。通过亚历山大大帝东征传播到东方的希腊文化与当地文化融合，形成了被称为“希腊主义”的文化，后来经由印度，深深影响了亚洲其他国家。

与波斯军战斗的亚历山大大帝

庞贝古城出土的马赛克画。现藏于意大利拿坡里国立考古博物馆。

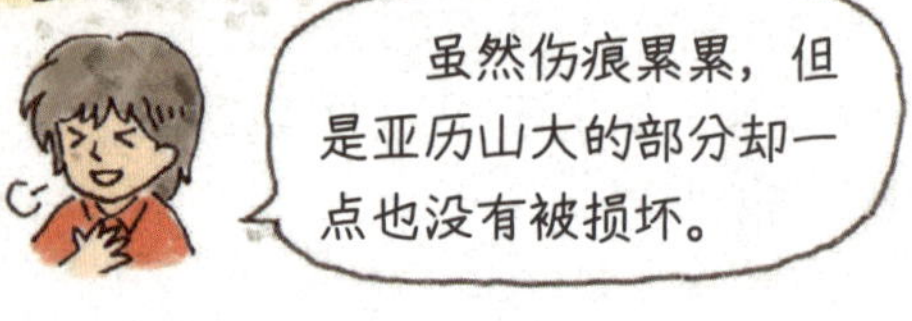

亚历山大大帝死后依旧繁荣的亚历山大城

亚历山大大帝在东征过程中建立了好几个名为亚历山大的希腊风城市。最有名的就是埃及北部港口城市亚历山大。亚历山大大帝死后，由他曾经的部下托勒密管理这里，这座城市开始作为学术、艺术和商业的中心发展起来。亚历山大城有古代最大的图书馆、天文馆、动物园以及“世界八大奇迹”之一的亚历山大灯塔。灯塔高约 120 米，据说在 50 千米外的船只都能看到灯塔的光亮。

亚里士多德的学生

亚历山大大帝出生于公元前356年马其顿王国的首都佩拉（现在希腊的塞萨洛尼基）。少年时代他跟随他的家庭教师——哲学家亚里士多德学习各种各样的学问。特别值得一提的是，据说即使在远征途中，他也要随身携带《伊利亚特》，并在睡觉的时候把它放在枕头下面。

过于美丽的维纳斯女神像

掌管爱和美的女神维纳斯

高约2米，由白色大理石制成。

米洛斯的维纳斯是1820年在爱琴海的米洛斯岛上被一位希腊农民偶然发现的。之后这座女神像被多次转手，最后到了法国国王路易十八的手里，现收藏于法国巴黎的卢浮宫美术馆。这座女神像创作于距今2000多年前的“希腊主义”时代※末期。

※**“希腊主义”时代：**从马其顿国王亚历山大活跃的时代（距今约2300年以前）开始，到之后的大约300年间。

古希腊人信仰的奥林匹斯众神

古希腊人信仰以天空之神**宙斯**为主神的奥林匹斯众神，他们还围绕着这些神创作了大量的希腊神话。

赫拉（宙斯的妻子，掌管婚姻的女神）
波塞冬（海神）
阿波罗（太阳和音乐之神）
雅典娜（智慧女神）
阿尔忒弥斯（狩猎女神）
阿瑞斯（战神）
赫耳墨斯（旅途之神）
赫菲斯托斯（火神）
德墨忒耳（大地女神）
赫斯提亚（炉灶女神）
他们再加上**维纳斯**，合称为**“奥林匹斯十二主神”**。

维纳斯在希腊神话中被称为阿佛洛狄忒（爱神和美神）。她的儿子是有名的小爱神丘比特，希腊神话中的名字是厄洛斯。

罗马时代最大的古城遗迹

女神阿尔忒弥斯守护的爱琴海港口城市以弗所

女神阿尔忒弥斯像

现藏于以弗所考古学博物馆。

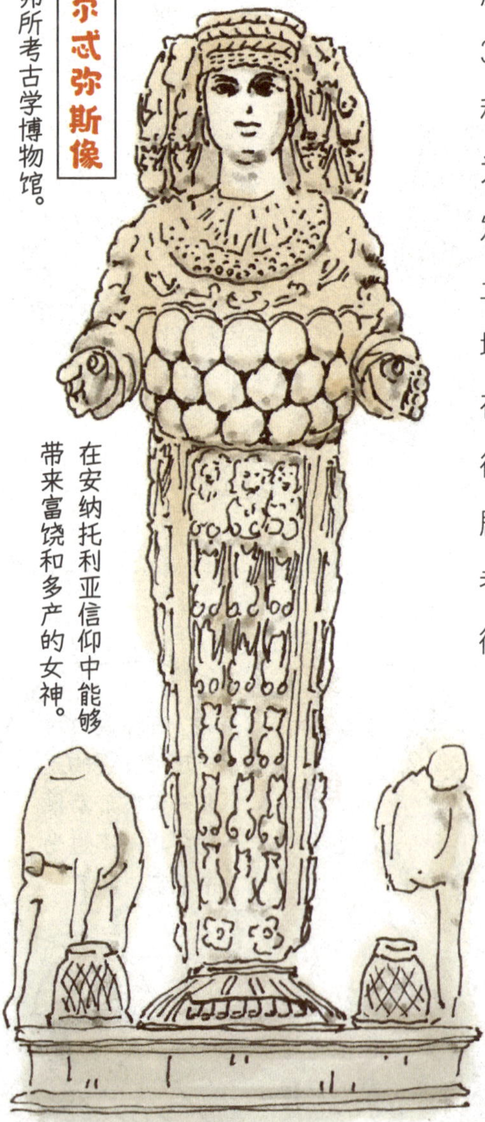

在安纳托利亚信仰中能够带来富饶和多产的女神。

爱琴海以弗所出土了最大的希腊主义时代和罗马时代的遗迹。这座城市最初是由伊奥尼亚人在大约 3200 年前建立的。之后在波斯帝国和亚历山大大帝统治的时期也都作为一个富足的贸易港保持了繁荣的发展。大约 2300 年前，港口被沙土湮没，或者是因为传染病的流行，城市被搬到了现在的以弗所遗址所在的位置。1859 年约翰·泰特·伍德通过考古发掘发现了音乐厅和大剧场。1895 年奥地利考古协会的考古团队发现了广场、阿卡迪亚大街、塞尔苏斯图书馆等。

阿尔忒弥斯神庙

“世界八大奇迹”之一的阿尔忒弥斯神庙是用大理石建造的古希腊最大的神庙，由127根高18米的圆柱支撑，宽114米，进深55米。该遗址是在1869年由伍德发现的，现在遗址上只留下了一根大理石圆柱。

以弗所遗址

大理石大街

大理石圆柱排列在路的两侧，路面下还铺设了排水设施。

大剧场

利用山坡的斜面建造的露天剧场，能容纳 25000 人。

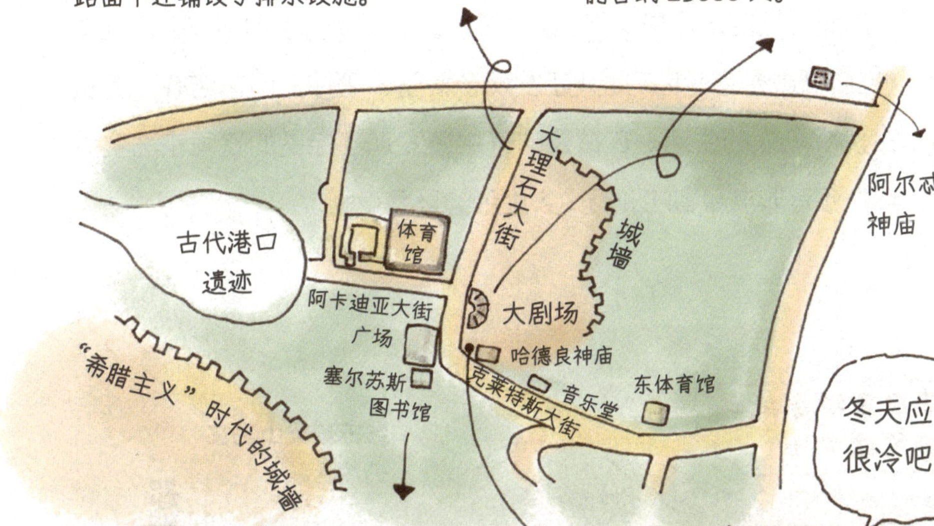

塞尔苏斯图书馆

古代三大图书馆之一。据说里面曾有 12 万册的藏书。

公共厕所

冲洗式厕所。脚下的沟槽里有流水。

被火山灰掩埋的庞贝古城

由维苏威火山引发的古罗马大悲剧

距今约 1900 年前意大利南部的商业城市庞贝，是个有着 1 万多人口的充满活力的城市。但是公元 79 年 8 月 24 日午后，城市北面的维苏威火山开始喷发。火山喷出的浓烟遮蔽了天空，城市一片漆黑，地上都是火山灰和石块。同时火山喷发还引发了巨大海啸。火山喷发持续了 3 天，庞贝古城连同没来得及逃走的 2000 多居民都被埋在了厚达 5 米的火山灰之下。庞贝古城的发掘是从 18 世纪开始的，一直持续到现在。遗址中发现了神庙、剧场和住宅，此外还发现了食堂、酒馆、面包店等，真实还原了古代罗马人的生活。在富豪的家中还发现了绝美的壁画和马赛克地板，其中还有非常著名的亚历山大大帝的马赛克画。

庞贝的道路

专门为了马车通行修建的道路。是用石块紧密砌成的，还能起到排水的作用。

被火山灰埋葬的人们

埋在火山灰之下的人们的尸体如今只剩下了骨头。但是，肉体腐烂以后出现的空隙被流动的火山灰填满了，这让我们现在也能看到 1900 年前人们死去时的姿态。

3500 年前的商业达人

发明了字母的腓尼基人

3500 年前，腓尼基人开始以现代突尼斯一带的城市为中心，从事与希腊和埃及的贸易活动※，城市逐渐繁荣起来。黎巴嫩的山地自古以来盛产雪松。腓尼基人用雪松造船，并将木材卖给缺少木材的埃及，然后从埃及换回金子和莎草纸，再通过腓尼基的贝布洛斯港卖到希腊。也因此，希腊人把莎草纸叫作“贝布洛斯”，这也是后来“圣经”一词的由来。腓尼基人还从希登（现在的赛伊达）和泰尔（现在的苏尔）输出一种腓尼基特有的紫色布料。这种布料是用某种螺类提取的染料染出来的。距今 2800 年前，腓尼基人在非洲北部建设迦太基。这里也因为贸易繁荣起来，不过后来因为与罗马的三次布匿战争而消亡。现在突尼斯还残留有古代迦太基的港口和公共浴场等遗迹。

腓尼基紫

腓尼基人用一种叫作骨螺的螺类的腮下腺黏液染出紫色的布。这种利用螺类染出紫布的技术称为腓尼基紫。从一个骨螺里能够提取出来的染料非常少，而染出的紫色又非常漂亮，所以这种紫色布料在古代地中海地区是非常昂贵的。

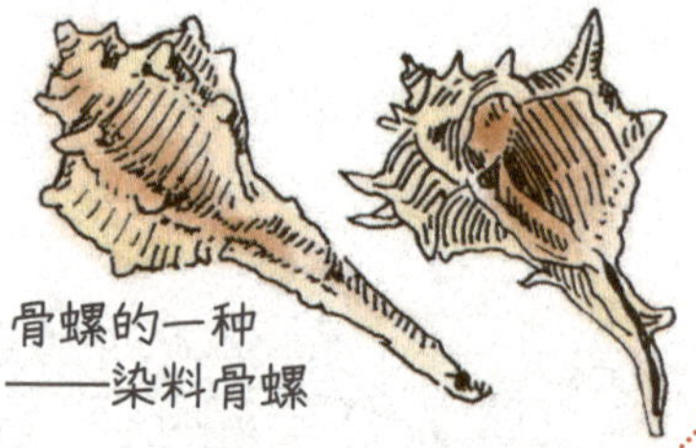
骨螺的一种
——染料骨螺

迦太基遗址中的安东尼的公共浴场

※ **贸易活动：**与外国进行商品交换，做生意。

字母文字的基础——腓尼基字母

现在欧洲、美洲使用的字母文字是在腓尼基字母的基础上发展来的。腓尼基人在现存最古老的字母文字——西奈字母的基础上，创造了22个字母，并且将这种字母文字通过地中海传到了希腊。希腊人将腓尼基字母改良以后创造了希腊字母，再将之传到罗马帝国（罗马帝国用的就是现在我们所说的拉丁字母了）。

西奈字母

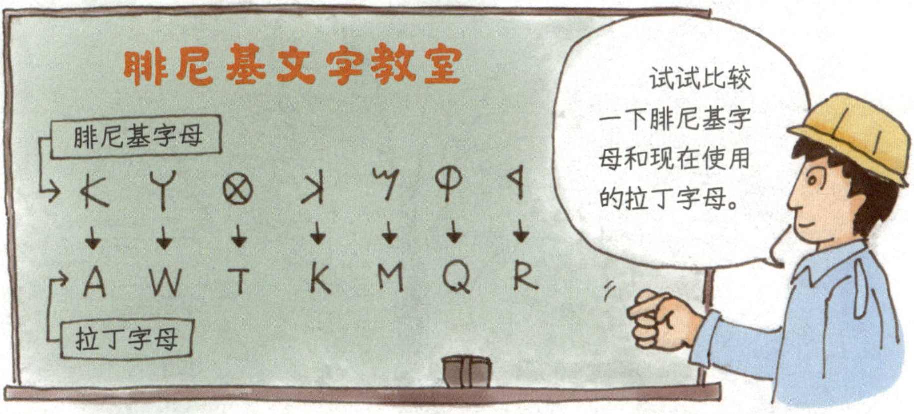

神秘的玫瑰古城佩特拉

古代“丝绸之路”上繁华的商队城市

佩特拉古城位于现在约旦南部的沙漠中，是距今 2000 多年前游牧民族纳巴泰人修建的城市，也是纳巴泰王国的首都。佩特拉是古代“丝绸之路”上繁华的商队城市※，是到达叙利亚、埃及和罗马的贸易要塞。佩特拉古城里有被称为“法老的宝库”的卡兹尼神庙，有后来被基督教教徒当作修道院使用的代尔修道院，还有欧翁石宫、柯林斯墓等很多在岩壁上雕刻出来的神庙和坟墓。但是在 1900 多年前，佩特拉在罗马的统治下开始衰败，最后渐渐被世人遗忘，直到 1812 年被瑞士的探险家伯克尔·哈特发现。佩特拉古城的岩石都是由红色或粉色的砂岩构成的，在阳光下会呈现出闪亮的玫瑰色光芒，因此也被叫作“玫瑰古城”。

天然大理石花纹的岩石

佩特拉古城的岩石都是砂岩，有红色、紫色、粉色、橙色、黄色、白色、褐色等，颜色非常鲜艳，完全不像是天然形成的。据说这些颜色是因为渗入岩石中的雨水、地下水与岩石中本来的矿物质发生了化学反应而形成的。

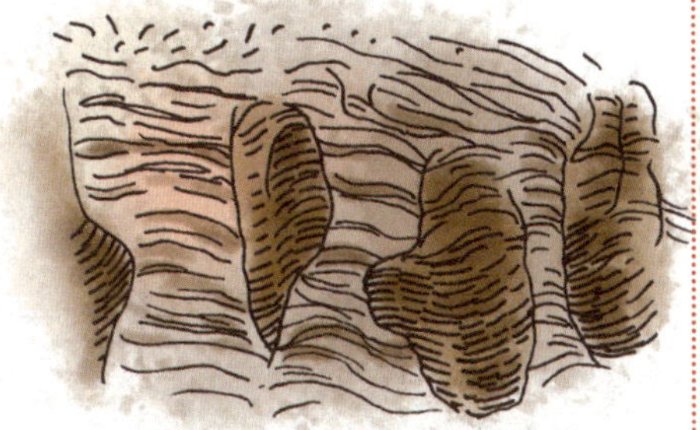

被称为“法老的宝库”的卡兹尼神庙

卡兹尼神庙是岩壁上雕刻出来的神庙样式的建筑，高约30米。柱子和装饰都是在石头上以浮雕的形式雕刻出来的。虽然叫作“宝库”，但是里面什么都没有，有人认为它是作为坟墓使用的。

※ **商队城市：** 沙漠或草原中来往的商人们建立的贸易通路上的城市，也叫绿洲城市。

曾与罗马帝国分庭抗礼的帕尔米拉帝国

女王芝诺比娅统治的沙漠绿洲城市

距今大约 1900 年前，帕尔米拉（现在叙利亚的大马士革附近）作为连接印度和欧洲的“丝绸之路”上的重要城市迎来大繁荣。这座城市处于沙漠之中，因为拥有“卡夫卡泉”“卡纳泉”等水源，周围广布椰枣林，曾是一座富饶的城市。在现在约旦境内的商队城市佩特拉古城衰落以后，帕尔米拉控制了东西贸易通路，作为一座商队城市迎来了自己的黄金时期。帕尔米拉曾经长时间处于罗马帝国的统治下，直到大约 1700 年前，帕尔米拉国王奥登纳图斯去世，王后芝诺比娅让年幼的王子继承了王位，实权则控制在自己手里。她控制了从埃及到巴比伦的贸易通路，很快就把帕尔米拉发展成为一个庞大的帝国。但是因为它一直与罗马帝国对立，最后还是被毁灭了。

贝尔神庙

帕尔米拉祭祀最高神贝尔的神庙。东西长约 210 米，南北长约 205 米。

柱廊街

帕尔米拉的主街。750 根廊柱在绵延大约 1 千米的范围内整齐排列。

直到 18 世纪，欧洲人才知道帕尔米拉的存在。帕尔米拉遗址作为世界上最大级别的遗址之一，每年会接待 15 万名以上的游客。2011 年 3 月，叙利亚政府军和反对派组织等发生冲突，引发内战。2015 年，贝尔神庙、凯旋门被破坏，之后四面门、剧场等几乎所有的遗迹都遭到了毁坏。现在叙利亚政府正在各国考古学家的协助下开展遗址修复工作。

美丽的女王芝诺比娅

传说绝世美女芝诺比娅女王还是一位精通希腊语、阿拉伯语等多国语言的非常有教养的女士。即使在战场上，她也展现出了超越男性的勇气和行动力，指挥帕尔米拉的士兵们奋勇作战。

拥有豪华舞台的露天剧场

四面门

矗立在城市中心的十字路口，使用埃及产的红色花岗岩建造而成。

2200 年前的死海古卷

放羊少年发现的最古老的《圣经》抄本

1947 年，一位放羊的少年在死海旁边昆兰的洞穴中发现了放在许多陶罐里的古老羊皮纸卷。这些羊皮纸卷是距今约 2200 年前抄写的、目前发现的《圣经》最古老的副本（从书上抄下来的）片段。它可能是犹太教一派的人从昆兰修道院里带出来藏到山洞里的。截至目前，从昆兰的 11 个山洞中已经发现了除《以斯帖记》※ 之外所有的《圣经・旧约》副本。这些副本统称为“死海古卷”或“死海古本”。

什么是《圣经》？

《圣经》是很多不同职业、身份、地区的人们写下来汇总到一起的作品，前后经历1600余年才最终完成。《圣经》分为《旧约》和《新约》两部分，涵盖了历史、法律、诗歌、智慧语言、信件等，内容多种多样，共有66卷。

《圣经·旧约》 记录的是从3500年前到之后的几个世纪间古代以色列人的故事，全书39卷，用希伯来语（以及一部分阿拉米语）写成。

《圣经·新约》 是在2000～1800年前用希腊语写成的，主要记述了基督教信仰的核心人物耶稣基督及其弟子的故事，全书27卷。

伊甸园的亚当和夏娃

钉在十字架上的耶稣基督

※**《以斯帖记》：** 记录的是波斯王薛西斯的王后以斯帖拼命拯救以色列民众的故事，《圣经·旧约》中的故事之一。

诺亚方舟真的存在过吗？

在土耳其亚拉腊山发现船形遗迹！

相传，神创造的最初的人类亚当的后代随着岁月的变迁越来越多，人们做的坏事也越来越多。神开始后悔创造出了人，决定发动一次大洪水淹死所有的人。但是，神发现人间有一位勤劳正直的人——诺亚。为了救助诺亚和他的家人，神嘱咐诺亚建造一艘大船，带上足够的食物，并在所有物种中各选出一雄一雌也带上船。大船造好后，等诺亚全家和动物们都登上大船，神在人间就发动了洪水。洪水持续了40天，诺亚方舟被涨起来的水推到了高山上，与此同时，世间的一切都被洪水淹没了，没有任何生物存活下来。40天以后，洪水终于退去了，方舟停在了亚拉腊山上。诺亚为了确认洪水真的退去，派一只鸽子出去查看。鸽子第二次飞回来的时候，带回来了一片橄榄叶。又过了几天，地面完全干了，诺亚带着家人和动物们离开了方舟。神给予诺亚及其家人自己的祝福，并为了承诺不再用洪水毁灭这个世界，在天空中造出了一道彩虹。

诺亚方舟

传说诺亚方舟全长150米，
宽25米，高15米。

土耳其最高峰亚拉腊山海拔※约 5165 米。很久以前人们就传说诺亚方舟曾经停靠在这里。到 19 世纪，甚至多次有人报告在亚拉腊山上发现了大船的残骸。20 世纪的时候，土耳其和俄罗斯的直升机在亚拉腊山上空飞行的时候都发现了船形痕迹。2010 年土耳其和中国的探险家团队在山顶附近发现了疑似诺亚方舟残骸的木板。但是这些都不能证实诺亚方舟真的存在过。直到现在，相关的调查研究还在进行中。

亚拉腊山南 30 千米处发现的船形痕迹

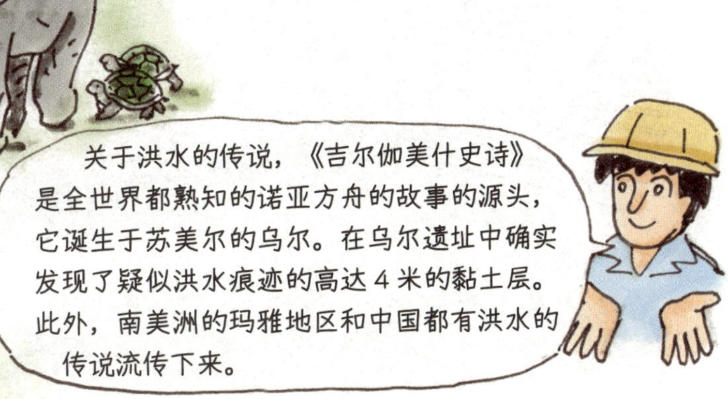

※ **海拔：** 地面任何一点到海平面的垂直高度。

死亡之丘摩亨佐·达罗

拥有高科技排水设施的古印度城市

距今4500年前，以印度河为中心，在现在的巴基斯坦和印度之间的地方，一种印度河谷文明迎来了自己的繁荣。这一文明的代表性城市遗迹就是摩亨佐·达罗（又称为死亡之丘）。这座城市结构布局严谨，道路呈棋盘状，有卫城、大浴场、谷仓、集会场所、水井等，排水设施也很完善。摩亨佐·达罗是1921年由印度考古学家拉·杰·班纳吉发现的。1950年人们开始对其进行发掘、调查工作。

名为“神官”的人物像

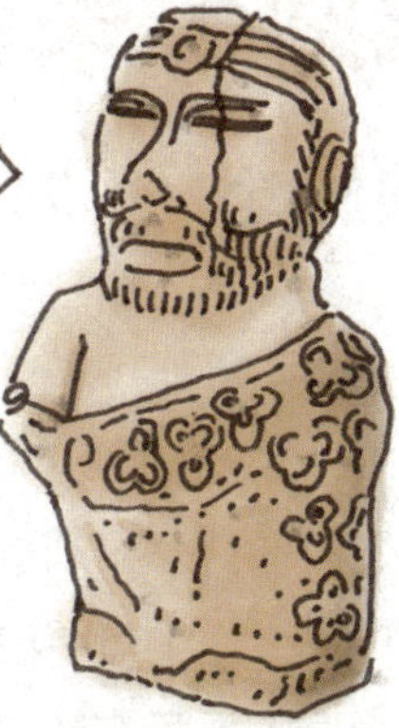

摩亨佐·达罗没有神庙和王宫，可能是由神官来主持集体生活的。

至今没有解读出来的神秘图画文字

摩亨佐·达罗等印度河谷文明遗迹中出土了大量刻有动物和文字的印章。据考察，这些印章很有可能是用于将交易的物品放入罐子里以后在外面进行封印的。已经确定的印度河谷文字据说大约有400个，因为没有发现只刻有文字的印章，所以现在还没有解读出来。

一枚具有代表性的兽纹印章

在悬崖上雕刻出来的佛教寺院

大漠戈壁中的佛国殿堂——阿旃陀石窟寺

1819 年在印度德干高原附近的山谷里，阿旃陀石窟寺被一位来狩猎老虎的英国军人约翰·史密斯偶然发现。瓦戈拉河边的悬崖上雕刻了 30 多个佛教寺院。寺院内部有僧人居住的房间和供奉佛像的佛塔，墙壁和天花板上装饰有花鸟或描绘佛教故事图案的美丽壁画。

0 的发现

最先使用0这个数字的是大约1450年前的古印度人。古代，人们只在数东西的时候才会使用数字，直到很久以后才开始用0作为记号，表示什么都没有。0以及其他数字是由印度天文学家传到阿拉伯的，但是在大约1000年前，各种学术成果从阿拉伯传播到欧洲，这些数字于是被欧洲人叫作“阿拉伯数字”。

供奉佛像的佛塔

第 19 洞窟内

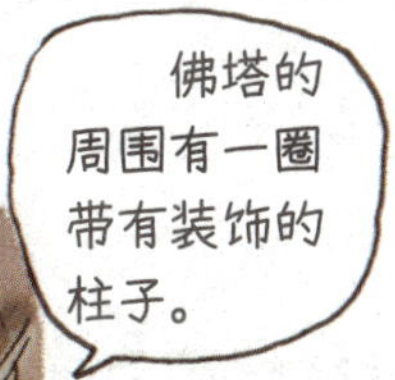

石窟里的佛祖

第 2 洞窟内

持莲花菩萨（莲花手菩萨）

第 1 洞窟壁画，被认为是
古印度绘画中最好的一幅。

5000 年未曾中断的中国古代文明

黄土地上盛开的黄河文明和水稻发源地的长江文明

黄河文明是距今 5000 多年前在黄河流域诞生的。当时的人们在肥沃的黄土地上种植稷和粟等谷物，在群居地周围挖壕沟居住。黄河文明之一仰韶文化的代表性特征是使用红黑花纹的彩陶容器。仰韶文化的第一个遗址是 1921 年由瑞典人安特生在河南省仰韶村发现的。此外，大约 4000 年前在山东省的龙山还诞生了一种以使用黑色陶器为特色的龙山文化。

与黄河文明同时期，在气候温暖的长江流域出现了一种以种植水稻为主的农耕文化。在长江下游的河姆渡遗址，人们发现了米、稻壳、松树等植物的遗存层，还发现了骨制的耜。河姆渡人居住在高脚式房屋中，用织布机织布制作自己的衣服。在长江三角洲一带的良渚文化遗址中发现了神庙的祭坛和玉器※。在长江上游的四川省三星堆遗址里发现了奇怪的青铜面具和人头像等，这些发现成为三星堆文化的特色。三星堆文化是在黄河文明和长江文明两方面的影响下发展起来的一种相对独立的文化。

仰韶的彩陶容器

与美索不达米亚的彩陶十分相似，有可能受到了它的影响。

龙山的黑陶容器

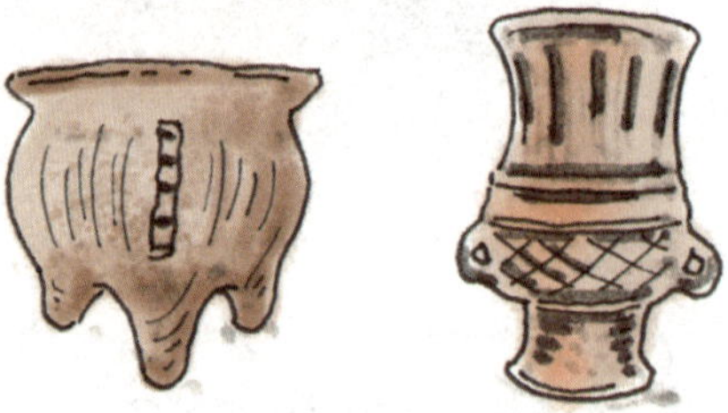

比彩陶薄却更坚硬。还有 3 只脚的被称作灰陶的灰色陶器。

※ **玉器：** 以软玉制成的用于祭祀的各种物件。

凡事都用占卜决定的殷商国王

大约 3500 年前，出现了一位把黄河周边地区统一起来的统治者，由此开启了一个现在已经证实的王朝——商。商朝的国王会把龟甲或兽骨放在火上烧，然后通过它的裂纹来占卜神的意志以便治国。占卜的结果最后会刻在龟甲或兽骨上面，因此这种刻在龟甲或兽骨上的文字被称为甲骨文，这是最早的汉字。商朝的遗迹叫作殷墟，是 1928 年在河南省安阳市发现的。除了王宫和坟墓，还发现了大量刻有甲骨文的龟甲和兽骨。

商朝青铜器

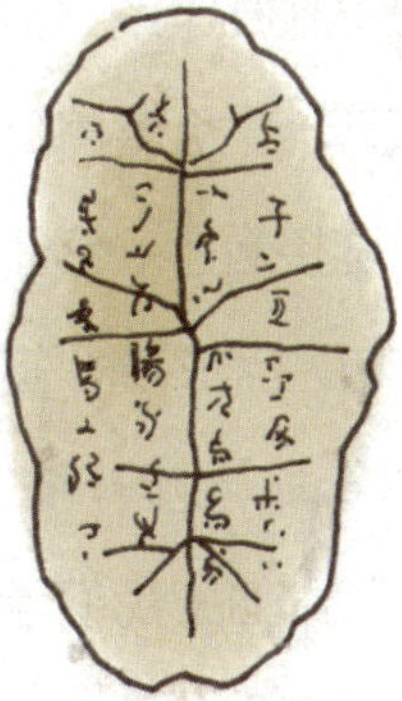

甲骨文

三星堆青铜大立人像

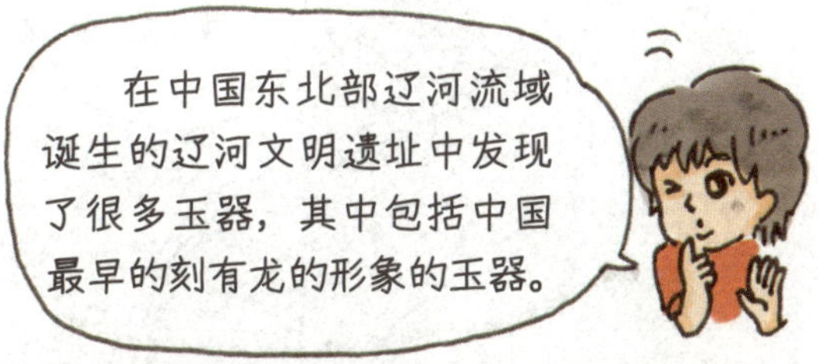

万里长城和秦始皇陵

世界上最长的古城墙

万里长城是中国古代的中原王朝为了抵御北方的游牧民族入侵，大约从2600年前开始建造的防御工事。大约在2200年前，第一个统一中国的皇帝秦始皇将之前各国修建的城墙连接起来，终于形成了万里长城的最初形态。这之后每个朝代都对长城修修补补，直到600年前才成了现在我们看到的样子。万里长城投影长度约2700千米，算上随山势的高低起伏，总长超过6000千米。长城东起北京附近的渤海湾山海关，西至“丝绸之路”的交通要塞、位于沙漠中的嘉峪关。

守护秦始皇的庞大军队

兵马俑 1 号坑，东西长 230 米，南北宽 62 米，非常大，里面整齐排列着 6000 多座人俑和陶马等。

现在位于中国西安的秦始皇陵（秦始皇的陵墓）看起来就像个有点高的小山包。1974年，当地农民在如今的秦始皇陵附近挖水井的时候，发现了一个巨大的地下世界。巨大的坑洞里埋着一支由众多真人大小的陶制士兵和战马等组成的军队。这就是兵马俑坑，是秦朝的人为了守护秦始皇陵和秦始皇死后的世界而建造的。“俑”是代替古代的殉葬者与死者一起被埋进陵墓的木质或陶制的人形物品。“坑”就是埋这些东西的洞穴。从秦始皇陵兵马俑1号坑发现了6000座以上的人俑，再加上之后2号坑、3号坑、4号坑的发掘，合计约有7000座人俑。

世界上最古老的巴泽雷克地毯

奇迹！在冻土下沉睡了2300年的斯基泰人的毛织物

1949年在俄罗斯南部阿尔泰山附近的巴泽雷克王室陵墓中，发现了大约2300年前编织的地毯。俄罗斯考古学家萨尔盖·鲁丁柯发现的这个地毯，因为一直埋在西伯利亚的冻土之下，所以基本保持了当时的状态。巴泽雷克地毯是世界上现存最古老的地毯。地毯上的花纹有骑马的人、动物、花草等，很像波斯帝国的东西，所以人们推测这个地毯可能是在波斯制造的。不过根据最新的研究以及地毯采用的“土耳其结”编织法推测，这个地毯很可能是在当时的中亚制造的，因为那时候有很多土耳其民族的人住在那里。

马背上的游牧民族斯基泰人

斯基泰人是距今2600年前到2200年前，以俄罗斯南部草原为中心活跃的游牧民族。他们在波斯、希腊文化的影响下诞生了自己的马背文化。后来为了进行贸易和寻求贡品开始武力征服周边国家。他们酷爱黄金饰品，喜欢使用有动物花纹的武器和马具，这都对周边的游牧民族产生了巨大的影响。

马具

地毯编织教室

手工编织的地毯会在经线上用彩色的绒头纱线打上一个个的结。打结的方式有两种，只要看到成品就能知道是出于哪个民族之手了。

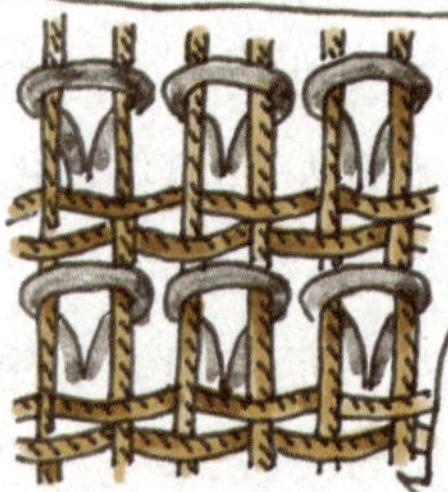

土耳其结

绒头纱线从外侧绕过两根经线。

波斯结

绒头纱线从外侧绕过一根经线，然后以S形绕过另一根经线。

巴泽雷克地毯

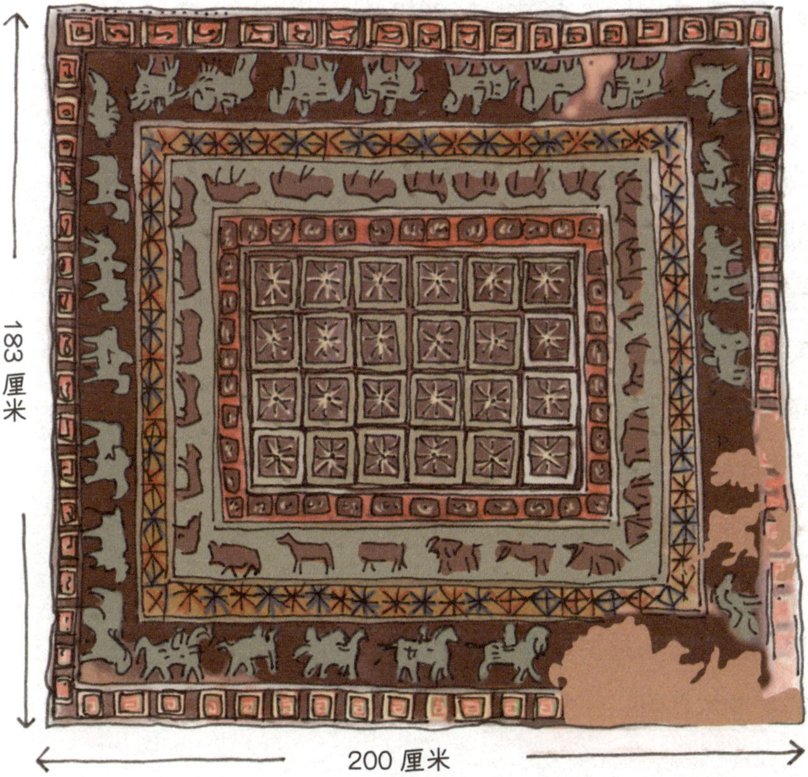

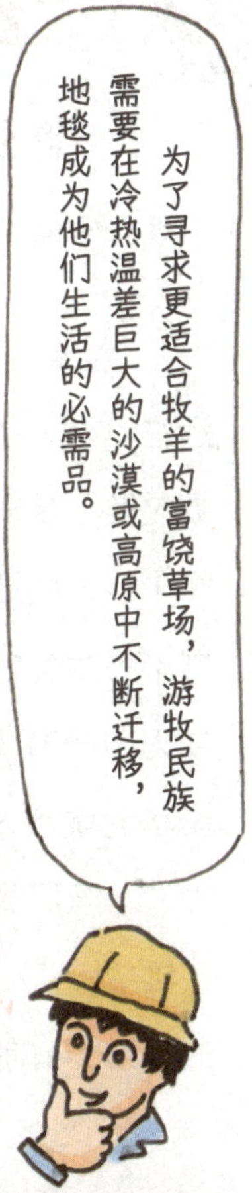

地毯放大图

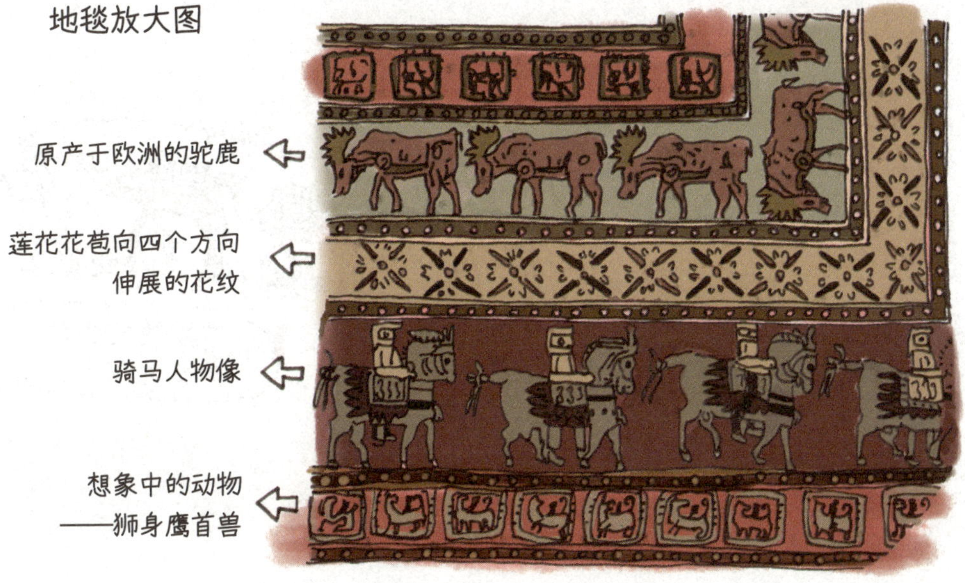

“丝绸之路”和楼兰美人

连通东西方的“丝绸之路”——不同国家人们的交汇处

“丝绸之路”也被称为绿洲之路。由于中国的丝绸主要通过这条路被运往欧洲，因此德国的地理学家李希霍芬将之命名为“丝绸之路”。“丝绸之路”是一条古代东西贸易通路，以中国西安（古代的长安）为起点，经中亚、西亚，最终到达地中海东岸的安提阿。“丝绸之路”沿途的许多城市因为贸易繁荣起来，城市里有为商队提供住宿的场所以及市场，因此成为东西方人们互相交流之地。2000年前，“丝绸之路”上曾经有一座繁华的城市——楼兰，它处于最危险的塔克拉玛干沙漠中，位置在被称为“水源汇集之湖”的罗布泊西北岸。1900年，瑞典人斯文·赫定发现了楼兰佛塔和古城遗址。1980年，中国考古学家发现了被称为“楼兰美人”的3800年前的女性木乃伊。

楼兰的美女木乃伊

玄奘（三藏法师）

公元629年，27岁的中国僧人玄奘为寻求真正的佛法，踏上了去往天竺（印度）的取经之路。他沿着“丝绸之路”，用了3年的时间终于到达印度，在印度修行5年后带着大量的佛教经典回国。之后他将此次旅途上的见闻总结起来编写了《大唐西域记》。16世纪后半叶的文学家吴承恩以此为蓝本创作了大家熟知的奇幻小说《西游记》。

马可·波罗

1271年，17岁的意大利人马可·波罗跟随身为威尼斯商人的父亲去往元大都。他们走陆路，用了4年的时间才到达目的地。这之后的24年里，他游历了欧洲人未知的神秘的东方各国。在坐船返回威尼斯以后，他将旅途中各国的风土人情及他的见闻都记录在了他的《马可·波罗游记》中。在书中，他描述中国“遍地都是黄金”。据说，发现新大陆的哥伦布也读过这本书。

神秘的邪马台国和女王卑弥呼

三国时魏帝曾赠予卑弥呼“新魏倭王”金印

邪（yé）马台国是中国的《魏志倭人传》※中记录的一个存在于1800年前的国家（现在的日本）。根据记录，邪马台国统治的属国有30个。女王卑弥呼在公元239年曾经向三国时期的魏国进献过奴隶10人和一些纺织品。魏帝赠予卑弥呼“新魏倭王”金印和100面铜镜，作为承认她为倭国女王的证明。这些铜镜也被称为“卑弥呼铜镜”。有专家认为在日本各地，尤其是近畿地区出土的三角缘神兽镜其实就是“卑弥呼铜镜”，不过这个问题与“邪马台国到底在哪里”一样，至今还没有定论。

新魏倭王金印

会不会是这样的？

目前为止还没有找到实物。

三角缘神兽镜

铜镜边缘的横截面为三角形，背面刻有神和兽的图案。

卑弥呼宅邸（想象复原图）

有高楼、仓库、城墙围栏、瞭望台等。

日本弥生时代的住所和生活

竖穴式住宅

在地面挖圆形或正方形而四角呈圆形的坑，在坑周围立一圈柱子，然后用草搭建屋顶。

家中用紧密排列的竹子加固，中央放置火炉，地面铺席子。

高脚式仓库

为了防止粮食遭水害或被动物祸害，弥生时代的人们会把米等谷物放在高脚式仓库里储藏。这种仓库透气性好，人们利用梯子出入。

※**《魏志倭人传》：**中国历史书籍《三国志》中记录魏国历史的部分称为《魏书》，《魏志倭人传》指的就是《魏书》中专门讲述倭人（日本人）的部分。

神秘的巨石阵

历时 1000 年建成的古代天文台！

位于英国南部索尔兹伯里大平原上的巨石阵是一个用巨大石块建造而成的神秘的圆形遗迹。第一期工程（5000 年前）建成了土台和沟渠，放置了祭坛石；第二期工程（4500 年前）设置了种石和蓝砂岩石柱；第三期工程（4000 年前）建成了砂砾岩石柱圈和马蹄形的三石塔。美国天文学家霍金斯博士发现了以马蹄形石为中心的巨石阵和夏至、冬至※之间的关系，之后有人推测巨石阵是古代观测太阳和月亮的天文台。

巨石阵复原图

种石

圆圈外侧的 4 块石头。4 块石头连起来是一个长方形。

砂砾岩石柱圈

是用巨大的砂砾岩石块排列成的直径为 30 米的圆形。

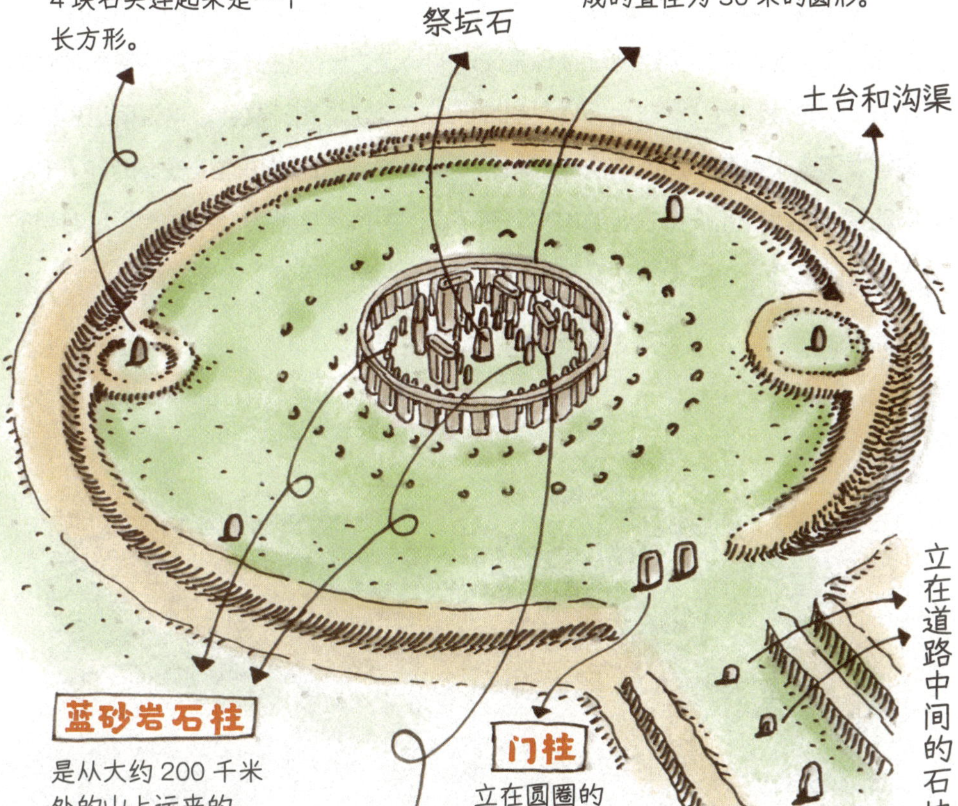

蓝砂岩石柱

是从大约 200 千米外的山上运来的。

门柱

立在圆圈的入口处。

三石塔

两块立着的巨石上面放置一块横石，5 组这样的建筑呈马蹄形排列。它们比砂砾岩石柱圈稍微高一些。

脚跟石

立在道路中间的石块。夏至那天太阳升起的时候，阳光会穿过脚跟石直接照射到祭坛石上。（冬至那天太阳升起时的光会与夏至那天的光线呈直角交叉。）

※ **夏至：**北半球一年之中白天最长、黑夜最短的一天。**冬至：**北半球一年之中白天最短、黑夜最长的一天。

信仰羽蛇神的玛雅人

一年两次爬下金字塔的蛇神

玛雅文明诞生于现在的墨西哥尤卡坦半岛，从距今 2300 年前一直持续到大约 1800 年前。奇琴伊察遗址是玛雅文明的遗迹之一，它曾是一座热带雨林中的城市，拥有被称为“季节金字塔”的库库尔坎金字塔和天文台，这说明这里的天文学发展水平很高。库库尔坎的意思是“羽蛇神”，这是玛雅人信仰的神。他们向羽蛇神进献贡品祈祷农业的丰收，在干旱的时候还会将贡品和作为贡品献祭的人投入赛诺特（一种天然石灰岩水坑，玛雅人认定的圣泉）中乞求雨水。

圣泉赛诺特

1911 年主持首次发掘工作的美国人爱德华·汤普森从泉水中发现了大量的黄金装饰品和人骨，这证实了圣泉献祭的传说。

库库尔坎金字塔

春分、秋分※日的奇迹

金字塔北面的台阶下面设置了一个蛇头像。春分和秋分那天太阳落山的时候，从正西方照射过来的阳光在北面的台阶上形成光影，宛如一条正在从金字塔上向下爬行的蛇。

※ **春分、秋分：** 白天和黑夜基本一样长的日子。春分日为 3 月 20 或 21 日，秋分日为 9 月 22、23 或 24 日。

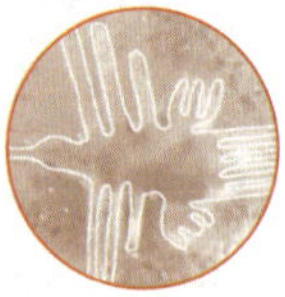

不可思议的纳斯卡线条

1500年后的我们只有在飞机上才能看到

纳斯卡线条是美国学者保罗在 1939 年乘飞机飞过秘鲁南部纳斯卡平原上空时发现的。目前已经确认的大约有 1000 条线、一些简单的类似旋涡状的图形，还有一些动植物的图案。这些线条大约创作于 1500 年前，而且基本上都要在 300 米以上的高空才能看到。那么，在没有飞机的时代，人们到底为什么要创作这些线条就成了一个谜。有人猜测这些线条是用于某种宗教仪式的，也有外星人涂鸦、外星人飞船发射基地等猜测。其中最有说服力的是玛丽亚·雷施女士提出的关于天文观测日历的猜想。

保护纳斯卡线条的女性学者

德国数学家玛丽亚·雷施从1949年开始研究纳斯卡线条。她认为“这些线条是古人将天上星星的位置和活动记录在地上形成的巨幅天文图”。这些线条可以让人们提前预知季节的变化，起到日历的作用。她一辈子都致力于这些线条的保护工作，直到1998年去世，终年95岁。

★几乎每年都有新的纳斯卡线条被发现。

全都是不可思议的图案！各种各样的图案

①猴子 纳斯卡平原根本没有猴子，但是在与纳斯卡线条同时期的坟墓中，人们发现了猴子的木乃伊。

②蜘蛛
全长46米。

③蜂鸟
这是一只拥有超长鸟喙的蜂鸟形象，全长110米。

④鲸鱼
全长62米。

⑤外星人
统称“外星人”的人物形象。画在一个差不多60米高的小山坡的坡面上。

空中都市马丘比丘

建在海拔 2400 米山顶上的印加帝国石头城

1911 年，美国人海勒姆·宾厄姆的探险队在秘鲁的安第斯山脉中发现了马丘比丘城。它建在海拔 2400 米的山顶上，是印加帝国的遗迹。华纳比丘山的其他三面都是悬崖峭壁，从山脚下是看不到这座城市的，因此其长久以来一直是被遗忘的城市。

马丘比丘的意思是“古老的山峰”。当云和雾笼罩这座城市的时候，它看起来就像飘在空中一样，因此也被叫作“空中都市”。

华纳比丘
意为“年轻的山峰”，海拔 2710 米。

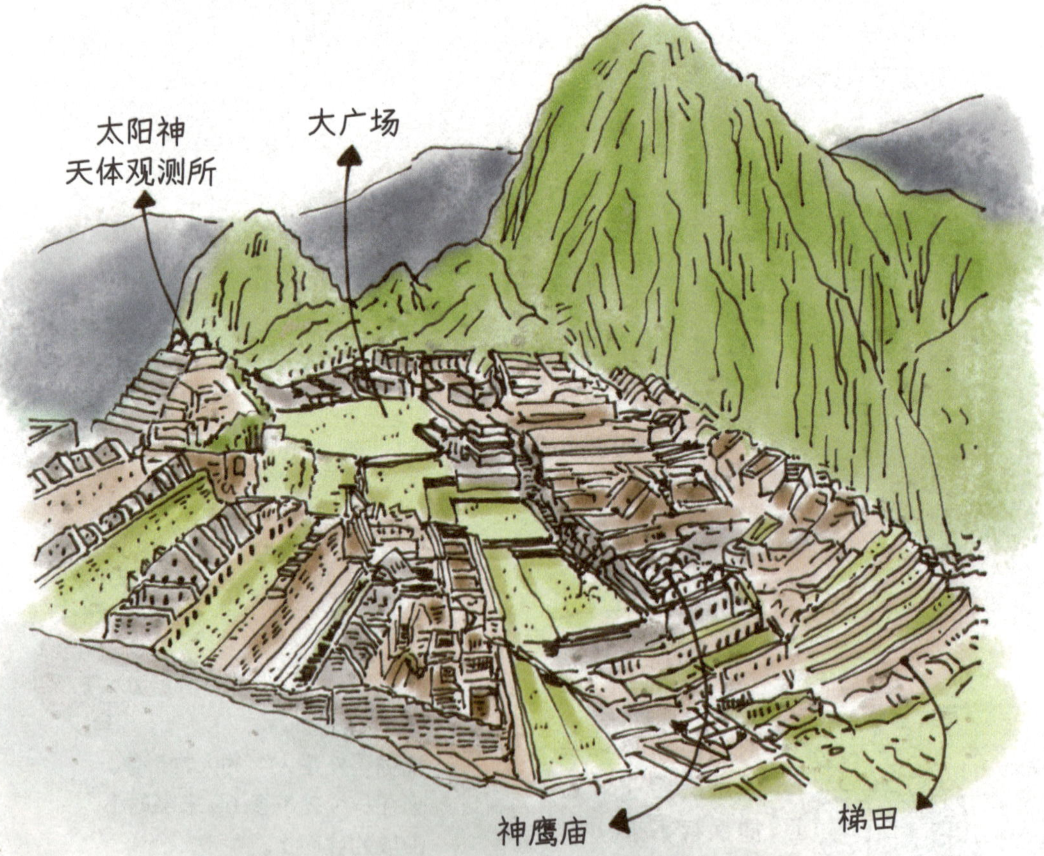

500～600 年前，印加帝国以库斯科为首都，统一了现在的厄瓜多尔到智利之间的安第斯山脉一带。他们拥有高超的石作技术，并用“印加石作法”建造了神庙、道路，还修整了水路。他们利用跑腿人在国内传递消息，用奇普结绳法记录数字和历史，但是没有文字。1533 年西班牙人皮萨罗征服了这里，印加帝国灭亡。

太阳神天体观测所

它的名字 Intiwatana，意为“连通太阳之物”。观测所是用一整块岩石雕凿出来的，有计日的作用。

梯田

种植玉米、土豆等作物。

印加石作法
通往公主宫殿的道路两边的石壁

复活节岛的摩艾石像

伫立在南太平洋孤岛上的神秘巨人们

复活节岛是漂浮在南太平洋上的一座小岛，位于南美洲的智利本土以西 3700 千米外。这个岛上有很多被称为摩艾的巨石像，平均高度有 4 米，最大的一个石像高达 21 米。其中大约有 40 座石像经过复原重新站立起来，其余的尚未修复完成的石像还在“摩艾工厂”——拉诺·拉拉库石头加工厂里等着。据说摩艾石像都是按照自古以来守护村庄的村长的形象建造的，大约始建于 1200 年前。挪威人托尔·海尔达尔认为最初登上复活节岛的是南美人。他于 1947 年乘坐康提基号帆船从南美洲秘鲁出发做漂流实验，经过 101 天终于到达了复活节岛。但是目前的研究推测岛上人的祖先很可能来自亚洲。

神秘的复活节岛图画文字——龙戈龙戈

复活节岛上有一种叫作龙戈龙戈的雕刻在木板上的象形文字。龙戈龙戈每一行都是上下颠倒的。首先从左下方开始向右读，读完一行读下一行的时候要把木板掉转180度，再从左向右读。关于木板的内容，目前还没有人解析出来。

摩艾石像

指复活节岛北部海岸边伫立的那些石像。是 1978 年由考古学家塞尔吉欧・拉普发现并复原的。

长耳朵
表现的是岛上的人佩戴繁重的耳饰。

兜裆布
岛上的男性会穿戴类似兜裆布一样的衣物。

摩艾石像原来是有眼珠的！

摩艾石像的眼睛原本是用白色珊瑚和岩石做成的。岛上的人认为眼睛是灵魂所在，因此岛上村民发生争斗的时候，会推倒对方村子的摩艾石像，并且把眼睛毁掉。

科学世界的奥秘

如何制作直角三角形

毕达哥拉斯的勾股定理

毕达哥拉斯是2500年前出生于爱琴海萨摩斯岛上的古希腊数学家。他从埃及留学回来后创立了毕达哥拉斯学派。他还在意大利办学校，在那里和他的学生一起进行了关于数学、哲学、自然科学等多种学科的研究。特别值得一提的是他们留下了大量关于数的性质的研究成果。毕达哥拉斯定理也叫作勾股定理，是如今数学学科重要的定理之一。

毕达哥拉斯

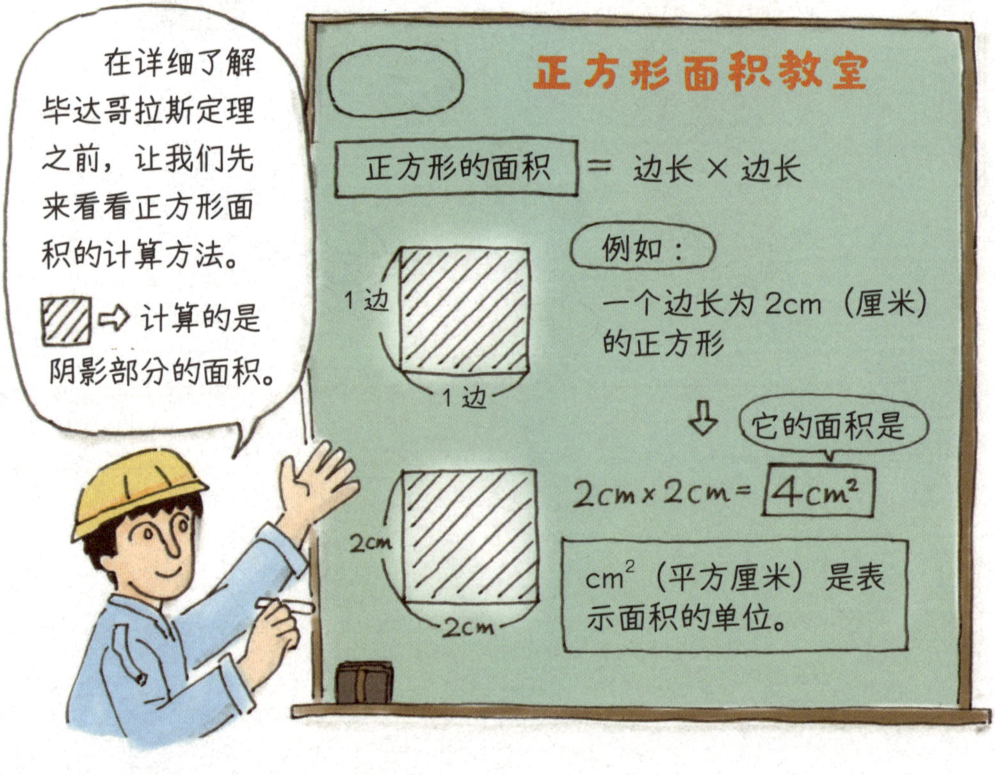

毕达哥拉斯定理

在直角三角形中，以直角的两条边为边长的正方形面积相加（A）+（B）等于以第三条边为边长的正方形面积（C）。

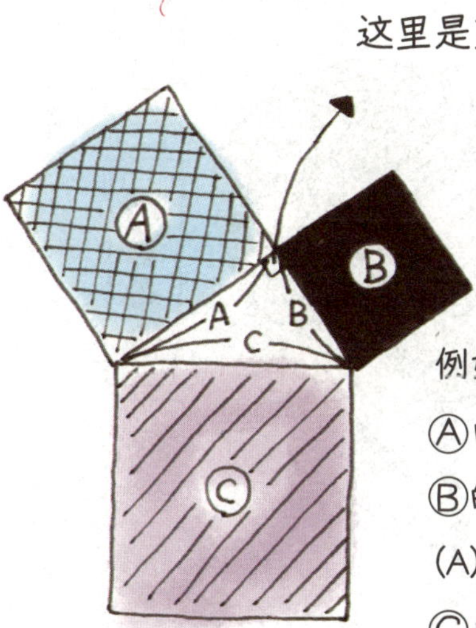

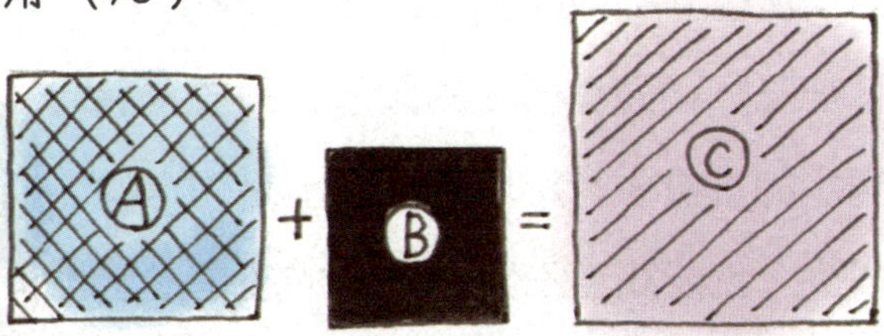

例如：A= 4cm B= 3cm C= 5cm

Ⓐ的面积（A）=4cm×4cm= $16cm^2$

Ⓑ的面积（B）=3cm×3cm= $9cm^2$

（A）+（B）= $16cm^2$ + $9cm^2$ = $25cm^2$

Ⓒ的面积（C）=5cm×5cm= $25cm^2$

古埃及人做直角的方法

在古埃及，尼罗河每年河水泛滥以后，人们不得不重新划分土地，所以他们发明了做直角量长度的方法。从事这一工作的结绳师会用绳子系一个圈，然后将其十二等分并做上记号。他们分别在其中三份长、四份长、五份长的位置拉出角来，拉紧绳子并用木桩固定，这样三份长和四份长绳子之间的角就是直角，一个直角三角形就做出来了。

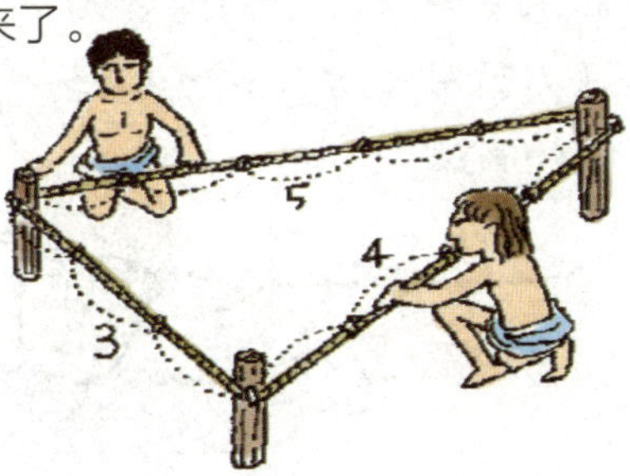

王冠是纯金的吗?

阿基米德发现浮力的原理

发现浮力原理的古希腊物理学家阿基米德，大约 2250 年前出生于西西里岛的锡拉库萨。他年轻时曾到埃及的亚历山大留学，学习数学和物理，回国后效忠于锡拉库萨国王。有一次国王让他调查王冠是不是真的用纯金打造出来的。他思考了整整一天，直到晚上洗澡，当他看到在他进入浴缸后有水溢出来的时候，突然想出了办法：“把王冠和同样质量的金子分别放入装满水的水槽中，然后测量溢出来的水的多少，就能知道王冠是纯金的还是掺了银的了。”

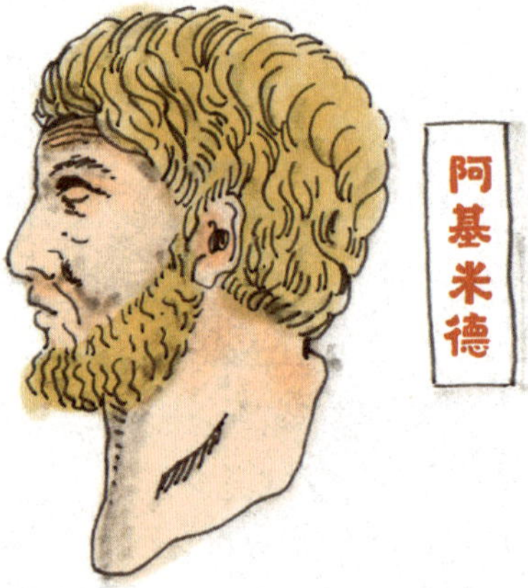

据说他当时太高兴了，直接从浴缸里跳出来赤身裸体地跑到大街上，还边跑边喊：“我知道了！我知道了！”

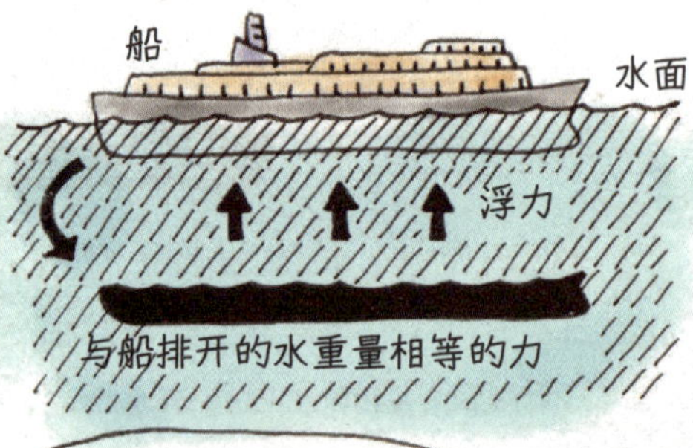

阿基米德的实验

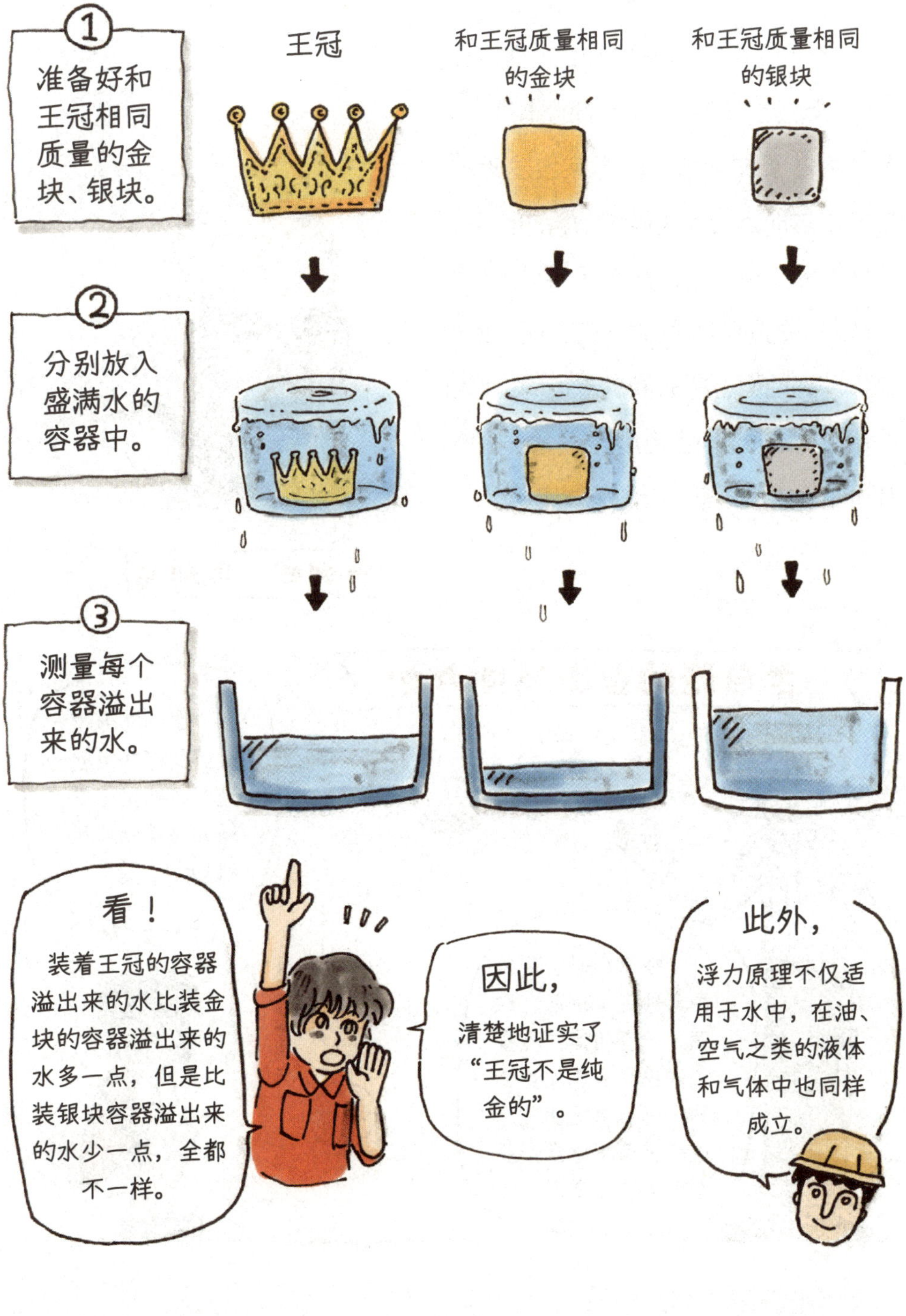
①
准备好和王冠相同质量的金块、银块。
王冠
和王冠质量相同的金块
和王冠质量相同的银块
②
分别放入盛满水的容器中。
③
测量每个容器溢出来的水。
看！
装着王冠的容器溢出来的水比装金块的容器溢出来的水多一点，但是比装银块容器溢出来的水少一点，全都不一样。
因此，
清楚地证实了“王冠不是纯金的”。
此外，
浮力原理不仅适用于水中，在油、空气之类的液体和气体中也同样成立。

举世闻名的比萨斜塔实验

伽利略·伽利雷与自由落体定律

意大利物理学家伽利略·伽利雷1564年出生于意大利北部的比萨，他是著名的天文学家、数学家和发明家。他的出生地因为一座微微倾斜的比萨斜塔而闻名于世。他曾从比萨斜塔上让两个质量不同的物体同时下落，最后两个物体落到地面上的时间基本相同，以此证明“物体的下落速度与质量无关”，并于1638年发表了自由落体定律。

伽利略·伽利雷

古希腊的自由落体力学

伽利略的另一个发现——摆的等时性

有一次伽利略看到比萨大教堂屋顶上的吊灯在摆动。他发现不管吊灯摆动的幅度是大还是小，单次往返的时间好像都差不多。他通过数自己手腕处的脉搏计算时间，发现果然是这样的。摆来回摆动往返一次的时间与摆动幅度、摆动物体的质量无关，而与绳子的长短有关，这就是摆的等时性。

只要绳子的长度相同，晃动大也好小也好，往返一次的时间都是相同的。

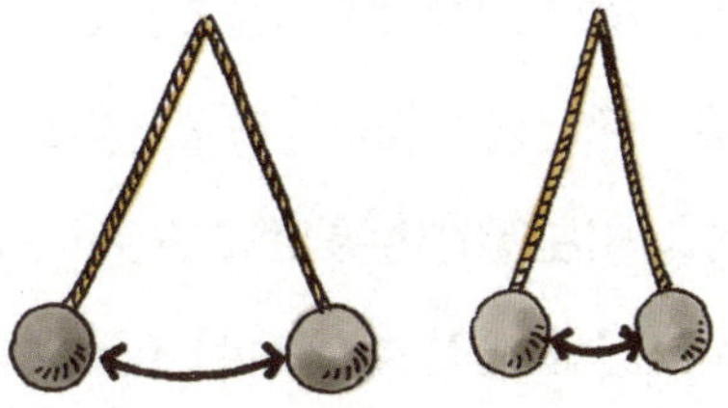

摆的等时性

比萨斜塔实验

比萨斜塔是 1174 年开始建造的，建到一半的时候就出现了倾斜，直到 1370 年才建成。塔的内部有带 294 级台阶的螺旋楼梯，一直通向塔顶。

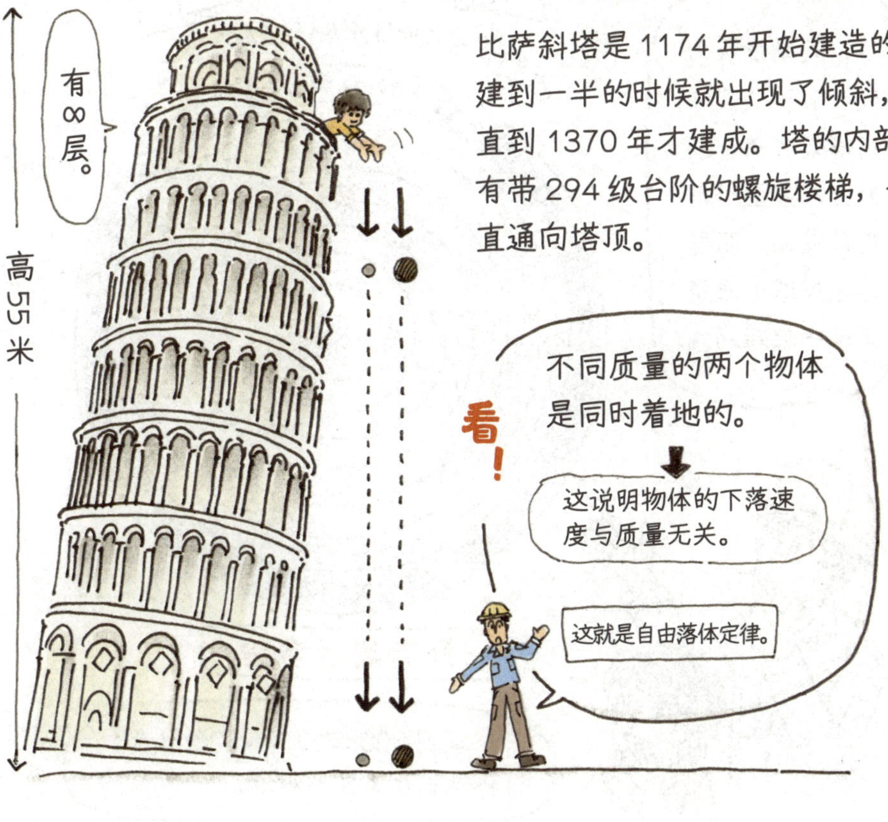

宇宙之谜：天动说和地动说

500 年前人们认为地球是宇宙的中心！

太阳从东方升起西方落下，星星也一样自东向西移动。在地球上的人看到这样的景象就会觉得地球是静止不动的，挂在空中的星星就像绕着地球转动一样。过去的人也是这样的感觉，所以他们相信“地球是宇宙的中心，太阳和星星都绕着地球转动”，这就是天动说。天动说是 1800 年前希腊天文学家托勒密在他的《天文学大成》这本书中提出的。它也是这之后 1300 年间最令人信服的学说。

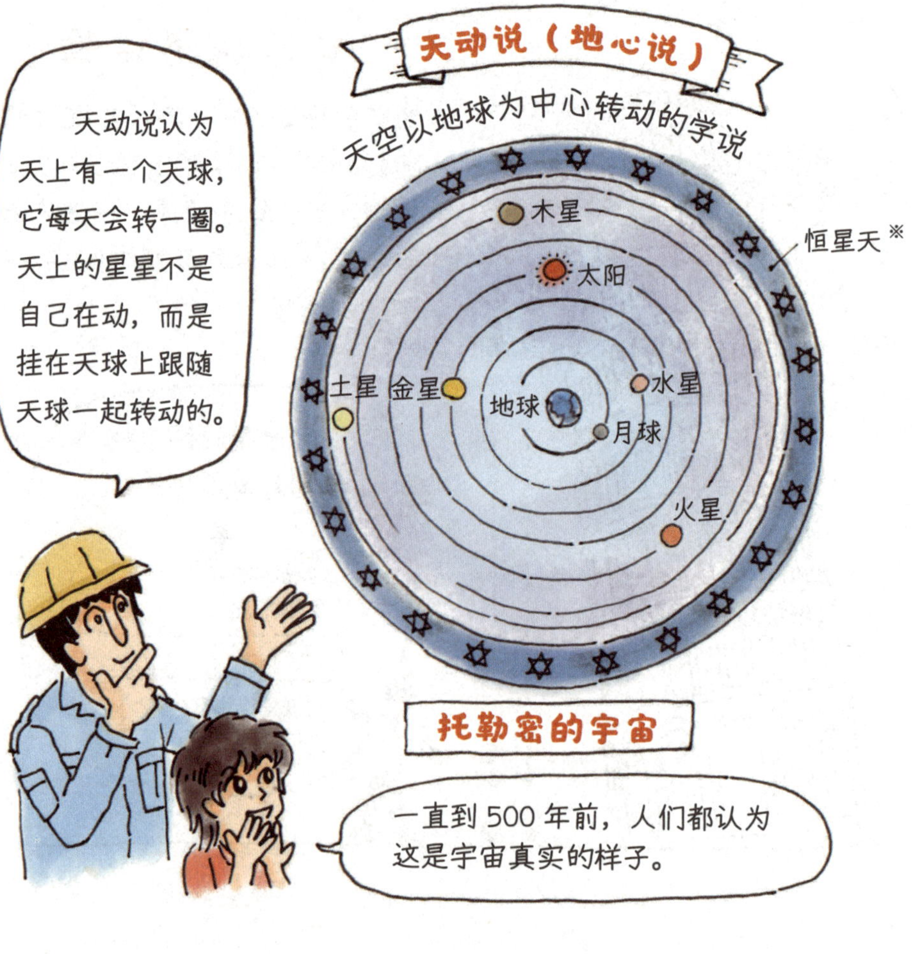

在托勒密的时代之前，也就是大约 2300 年前，古希腊天文学家阿利斯塔克斯已经提出了地动说（日心说）。他认为“地球和星星都是围绕太阳转动的”。1543 年波兰天文学家哥白尼在他的《天体运行论》一书中叙述了地动说的正确性，另外还论证了天动说的错误之处。他所画的以太阳为中心的宇宙，基本上与现在的太阳系相差无几。不过当时的教会力量强大，他们教授的思想就是“地球是宇宙的中心”，因此他们把主张地动说的人当作罪犯抓起来。众多天文学家也都开始跟随教会的意志反对地动说。意大利的伽利略·伽利雷因为在其 1632 年出版的《世界两大体系的对话》一书中主张地动说而被教会进行宗教审判，最后不得不改变了自己的主张。可是后来，人们根据开普勒和牛顿发现的定律证实了地动说才是正确的。

※ **恒星天：**古希腊天文学界认为恒星（像太阳一样能自己发光的星星）是嵌在他们想象出来的天球上的。

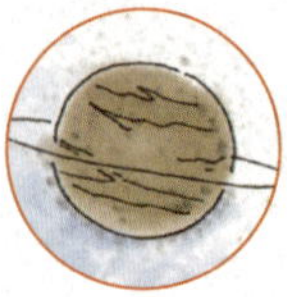

地球的家人

太阳系及八大行星

所谓行星，指的是围绕太阳转动的巨大天体，像自古以来人们熟知的水星、金星、火星、木星、土星，我们居住的地球也是太阳系行星之一。在哥白尼提出地动说之后，德国天文学家开普勒发现了行星运动定律。后来的牛顿通过万有引力定律证明了开普勒行星运动定律的正确性。1781年，当时的英国音乐家赫歇尔发现了一个新的行星——天王星。之后人们又分别在1846年和1930年发现了海王星和距太阳最远的冥王星。不过，在2006年的国际天文学联合会上，冥王星被认定为非行星，归类为矮行星※。

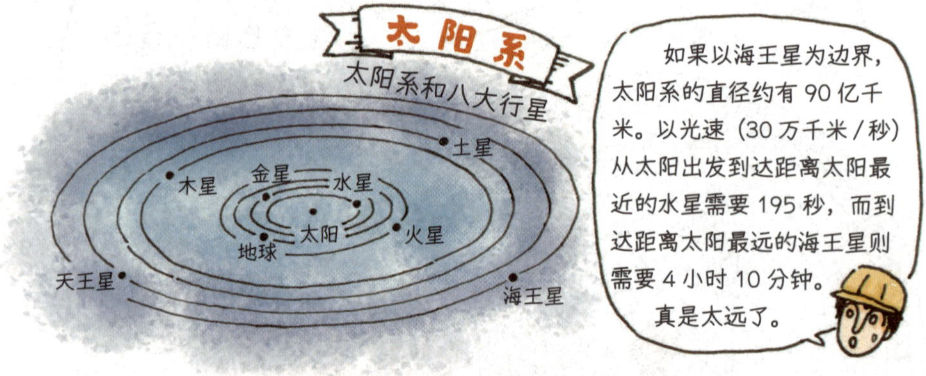

德国天文学家开普勒的行星定律

（1）行星的轨道是以太阳为中心的椭圆形。（2）行星离太阳越近移动得越快，越远越慢。（行星和太阳的连线在相等的时间间隔内扫过的面积相等，见右图。）（3）行星围绕太阳转一圈的时间的平方与行星和太阳之间距离的立方成正比。

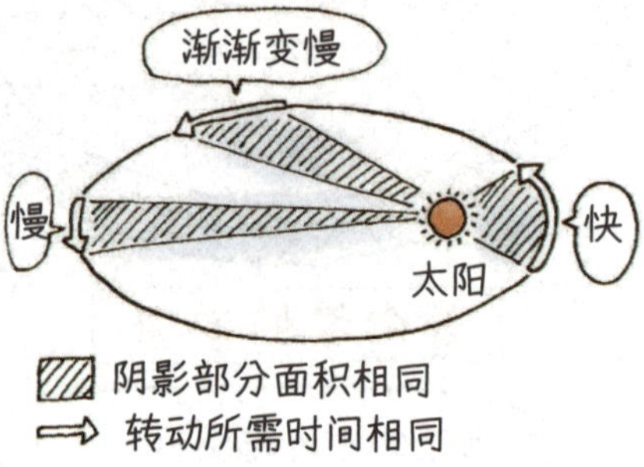

※ **矮行星:** 除行星以外，围绕太阳转动的天体中能够通过自身引力形成球形的天体。

行星大小对比

上述行星和其周围环绕的卫星、大量的小行星、彗星等所有这些围绕太阳做椭圆形轨道运动的天体一起组成了太阳系。

中文名	希腊语名称	英语名称
水星	赫耳墨斯	墨丘利
金星	阿佛洛狄忒	维纳斯
火星	阿瑞斯	玛尔斯
木星	宙斯	朱庇特

中文名	希腊语名称	英语名称
土星	克洛诺斯	萨图恩
天王星	乌拉诺斯	乌拉诺斯
海王星	波塞冬	尼普顿
冥王星	哈迪斯	普鲁托

苹果为什么从树上掉下来？

牛顿与万有引力定律

英国的艾萨克·牛顿被称为“科学之父”。据说他有一次看见苹果从树上掉下来，就思考“为什么苹果会掉下来而天上的月亮不会掉下来呢”。怀着这个疑问，他经过研究发现了著名的万有引力定律。他在伽利略的自由落体定律和开普勒的行星运动定律的基础上进行研究，并于 1687 年出版的《自然哲学的数学原理》一书中发表了万有引力定律。所谓“万有”是指“适用于所有物体”，“引力”是指“相互吸引的力”。万有引力定律认为“所有有重量的物体都对其他物体具有吸引力”。

牛顿

牛顿的疑问

万有引力定律

两个物体之间的引力与它们重量的平方成正比，与它们之间距离的平方成反比。

简单来说就是两个物体中重量重的引力更大，距离越远引力越弱。

苹果

苹果掉下来其实是被地球吸引过去了。

地球

↓

因为万有引力的作用，苹果被拉向了地球。

月球

月球和地球互相吸引，但是月球在旋转过程中又产生了逃离地球的离心力，两个力相互抵消了。

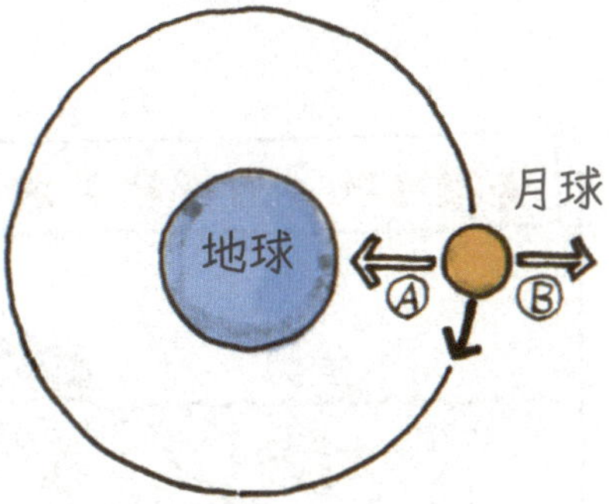

Ⓐ 地球吸引月球的引力
Ⓑ 月球逃离地球的离心力

↓

所以月球不会掉到地球上，同样它也不能远离地球。

生物进化之谜

达尔文进化论与《物种起源》

1835 年，英国博物学家查尔斯·达尔文登上了位于赤道下方东太平洋上的加拉帕戈斯群岛。在这里他发现同一种生物在加拉帕戈斯不同的岛屿上形态会稍有不同。之后他注意到有一种后来被叫作达尔文雀的鸟，这种鸟的喙的形状和大小在每个地方都不同，原因是它们所在的栖息地可以吃的植物和昆虫都不同，为了更好地适应这些，它们的喙发生了改变。这也意味着，达尔文雀经过几代的变异※，会进化为另一个新种类。通过这样的观察和研究，1859 年达尔文出版了书籍《物种起源》，发表了以生物自然选择为核心的进化论。

达尔文雀

细长的喙适合捕捉昆虫。

粗大的喙适合咬开坚硬的种子外壳。

达尔文雀的大小和麻雀差不多，有 13 个种类，还有 1 个近似种类。每个种类的形态都差不多，只是喙的形状和大小不同。

自然选择学说

能够根据环境改变自己的形态和性质的生物更容易存活下来并继续进化。

生物在繁殖后代的过程中都会发生变异，因此个体之间会有不同。

↓

为了让后代存活下来，生物会主动适应周围的环境，还会与其他生物发生争斗。

↓

个体之间优胜劣汰，生命力更强的生物才能存活下来。

※ **变异：**基因发生改变。（基因是亲子间传递各种生物学特征的物质。）

以光速进行太空旅行不会变老？

浦岛效应与爱因斯坦相对论

德国物理学家阿尔伯特·爱因斯坦在1905年发表了狭义相对论。他的观点是："时间、空间都不是绝对的，而是会因观测者的不同而发生变化的。"日本有一个古老的故事能够简单地说明这种时间的变化，那就是《浦岛太郎》。浦岛太郎救了一只小海龟，小海龟为了报答他请他去海底龙宫做客。在龙宫的快乐日子让他忘却了时间，过了几天当他回到村子的时候，人世间已经过去了几十年。爱因斯坦认为用光速在太空中旅行也会发生同样的情况。这种现象也被称为浦岛效应。

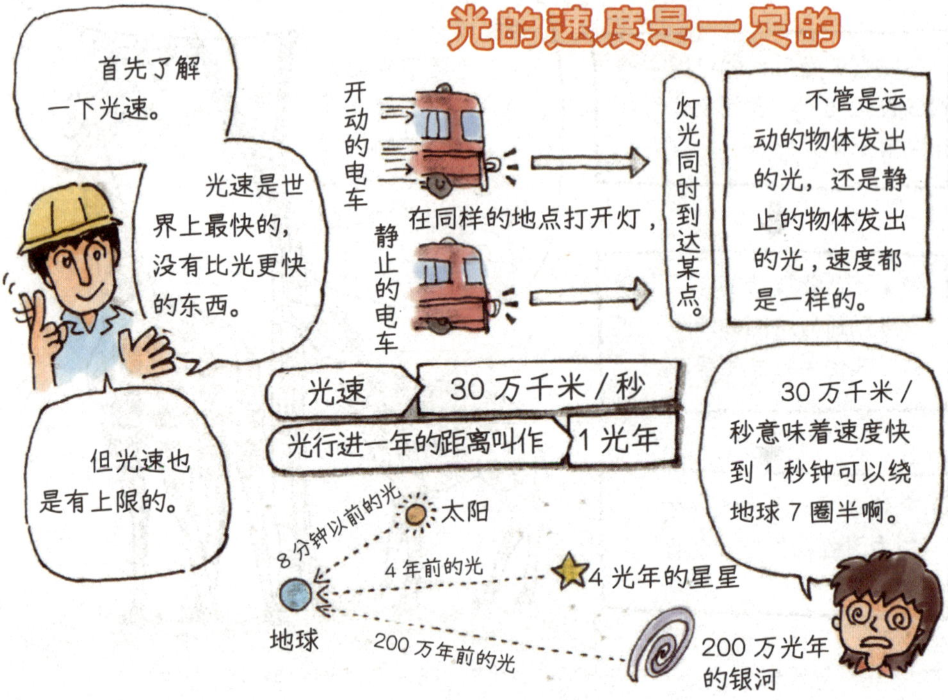

浦岛效应

从地球看火箭 ▶	看到时间流逝变慢了。
在火箭中 ▶	时间流逝还是正常速度。

番外　如果真的能以光速作太空旅行的话

依据浦岛效应，宇宙飞船内的时间流逝会变缓，那么我们以 99% 的光速作太空旅行的话，只用 50 年就能到达 351 光年远的地方。也就是说，可以在地球和 175 光年远的星星之间往返一次，可是这个期间地球上已经过了 350 年了。如此一来，宇宙飞船上的人回到地球的时候就会像浦岛太郎一样谁也不认识了。

巴甫洛夫的狗

生物不可思议的条件反射

每天在给狗喂食前都让它听铃声，持续一段时间后，只要听到铃声狗就开始分泌唾液。这就是条件反射，是在 1903 年俄罗斯的生理学家伊万·彼德罗维奇·巴甫洛夫发现的。他看到那条实验犬每次一听到饲养员的脚步声就会流口水，因此做了一系列的实验来研究条件反射的原理。他的实验和研究明确了大脑的功能，对后来的脑生理学发展起了重要作用。

巴甫洛夫

条件反射

通过经验和学习形成的反射行为。

非条件反射

与生俱来的固定反射行为。

巴甫洛夫的实验

巴甫洛夫的狗，
是一条通过手术让它的唾液能够流到外面的专门用于实验的狗。
①
有一次……
为什么没给它喂食，它却流口水了呢？
②
嗒嗒嗒……
原来狗听到了饲养员的脚步声，想到了吃东西。
③
于是巴甫洛夫……
好，那来做个实验吧。
咔咔咔……
④
每天给狗喂食的时候都让它听节拍器的声音。
咔咔咔……
⑤
然后有一天不喂食，只给狗听节拍器的声音，狗也流下了口水。
咔咔咔……
⑥
终止实验一段时间以后，再怎么给狗听节拍器的声音，狗也不流口水了。
咔咔咔……
……
⑦
明白了吗？
这种暂时性的反射行为就是
条件反射
哈哈哈……
⑧

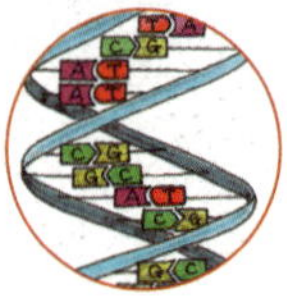

生物遗传的秘密

细胞中的DNA负责记录父母的基因信息

地球上各种各样的生物包括我们人类，都是由细胞构成的。细胞中的 DNA 上记录了能将父母的特征传递给孩子的基因信息。它由一对紧密相关的双链以双螺旋结构组成。1953 年美国生物学家沃森和英国物理学家克里克共同发现了 DNA，其两个链条由四种碱基以一定的组合配对构成。因此，即使 DNA 的其中一个链条断了，也可以在断裂处补上适当的碱基来修复，上面的遗传信息是不会丢失的。

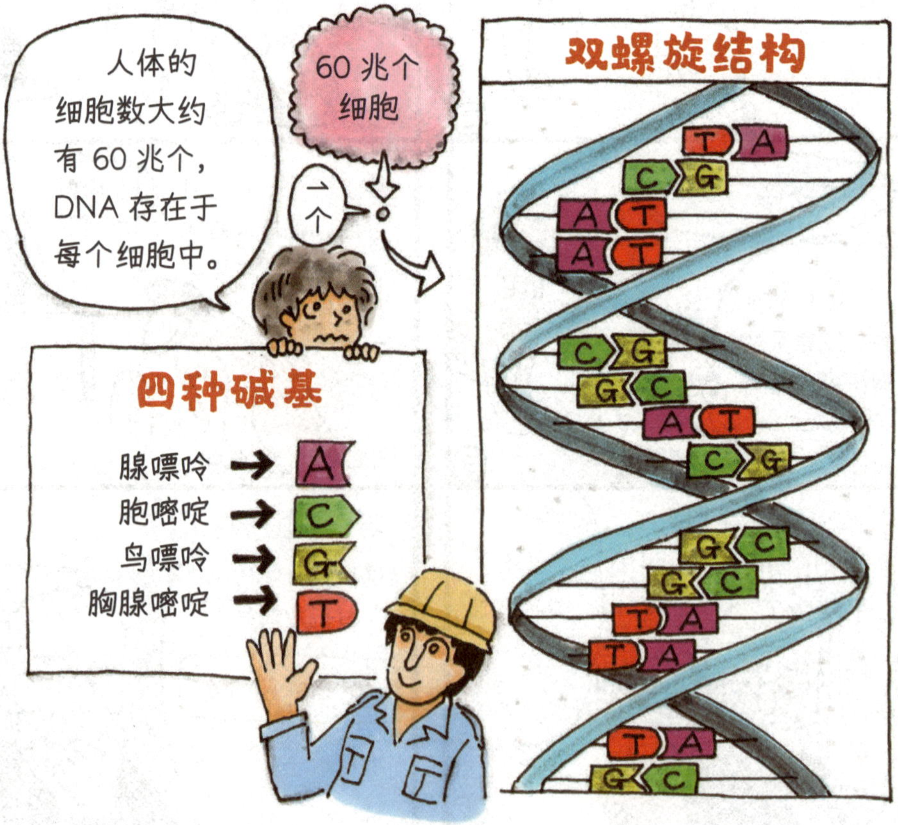

DNA 复制原理

① 原本一条双链裂开成独立的两个链条。

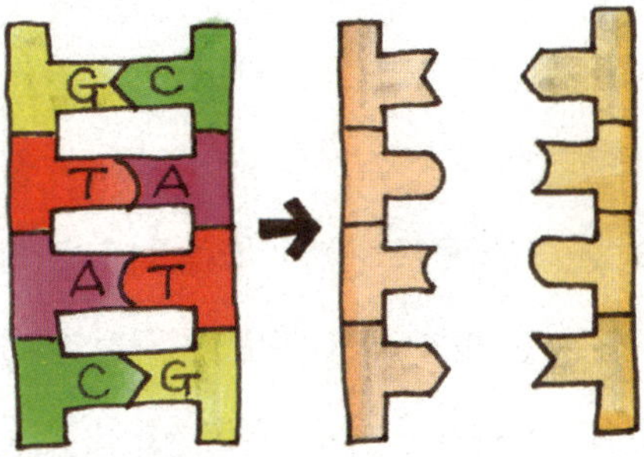

原本的 DNA。

② 分别为独立的链条配上适当的碱基。

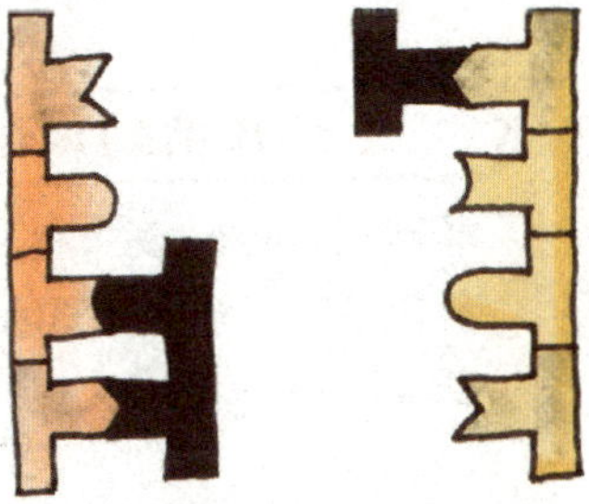

③ 形成了两个完整的双链。DNA 复制完成。

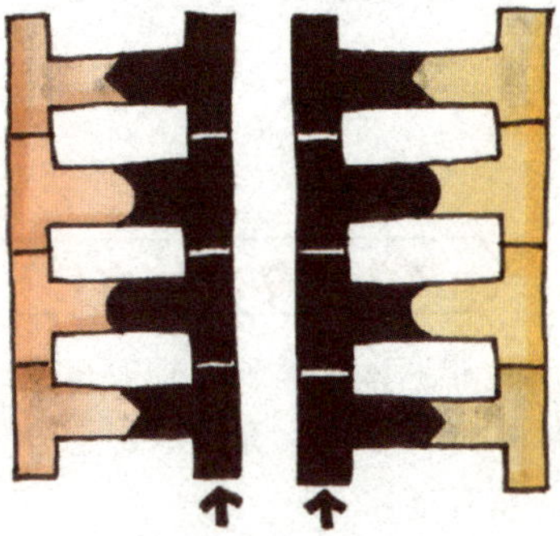

被复制的 DNA。

基因突变

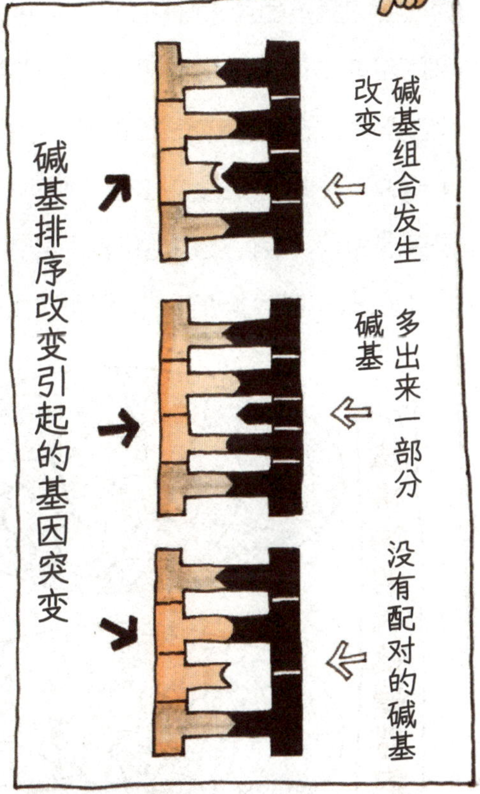

不断漂移的大陆

很久很久以前，地球上的所有大陆都连在一起

现在地球上的陆地分为南北美洲大陆、欧亚大陆、非洲大陆、澳大利亚大陆、南极大陆等几大块。但是差不多 2 亿年前，这些大陆都是连在一起的，那是一块巨大的大陆，我们称之为泛大陆。后来泛大陆分裂为北面的劳拉西亚大陆和南面的冈瓦纳大陆。这就是 1912 年德国气象学家阿尔弗雷德·魏格纳提出的大陆漂移假说。他发现非洲大陆西海岸和南美洲大陆东海岸的形状正好可以像拼图一样拼在一起，因此提出了这个假说。可是这个假说在当时并不被世人接受。多年后，随着海底调查研究的深入，我们发现地球表面分为十几个板块※，而且它们一直在以每年几厘米的速度移动着，这证明了大陆漂移假说的正确性。

魏格纳的大陆漂移假说

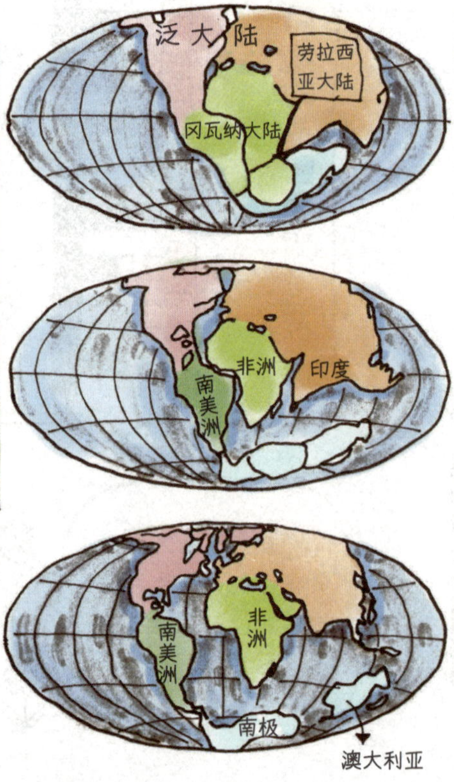

2 亿年前的大陆

非洲、南美洲、澳大利亚、南极等所有的大陆都连在一起。

6000 万年前的大陆

非洲和南美洲开始分离，非洲和印度也开始分离。

200 万年前的大陆

非洲和南美洲已经完全分开，澳大利亚和南极也分开了。

现在远处大洋两侧的大陆上发现了相同的动物或植物化石，是否说明过去这些大陆是连在一起的呢？

水龙兽

全长 90～120 厘米，上颚有两颗牙齿，哺乳型爬行类动物。

舌羊齿

植物，意为“舌头形状的叶子”。叶子最长达 1 米。

犬颌兽

全长 150 厘米，与现代的狼相似，哺乳型爬行类动物。

中龙

全长 60 厘米，擅长游泳的爬行类动物。

以中龙为例。很久以前中龙生活在冈瓦纳大陆，但是后来冈瓦纳大陆上的中龙灭绝了，变成化石埋在了地下。后来大陆移动，冈瓦纳大陆分裂为非洲和南美洲。现在我们在非洲西南部和南美洲的巴西东部都发现了中龙的化石。

※ **板块：**覆盖在地球表面，厚达几千米至几十千米的坚硬岩石地块。

向未知世界的探索

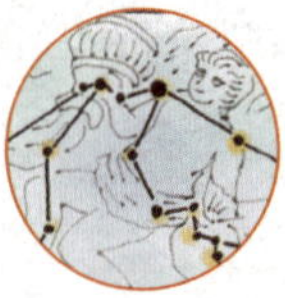

夜空中星座的秘密

5000多年前美索不达米亚人创造了星座

古代的人们观察夜空中闪亮的星星，根据它们的位置想象出各种人、动物、物品的样子，进而创造了星座。据说最早创造出星座的是生活在距今5000多年前的苏美尔人。根据大约4000年前的巴比伦王国的记录，那时已经有了除大熊座和猎户座以外的现代黄道十二星座中的9个。在大约2700年前美索不达米亚平原北部的亚述国的泥板上，已经记录了包括黄道十二星座在内的36个星座。古埃及人在黄道上划分出了36个星座，但是它们与美索不达米亚的不一样，基本上都是埃及独创的。古希腊人则是根据神话中的英雄、美女来划分、命名星座。1800年前托勒密整理出来的48个星座被称为托勒密星座，在之后的1500年间一直被广泛流传。直到15世纪欧洲人乘船探索南方的广阔海域并看见南半球的星星时，才把南半球的12星座加进来。现在公认的88星座是1930年通过国际天文学联合会认定的。

希腊神话中的星座故事

水瓶座和天鹰座的故事

放羊的少年伽倪墨得斯因为惊人的美貌被变成雄鹰的宙斯掳走，带回了众神所在的奥林匹斯山。宙斯给予他永恒的生命并让他永不衰老，因此直到今天少年还抱着水瓶侍奉众神。掳走伽倪墨得斯的雄鹰变成了夏季夜空的代表星座。

猎户座和天蝎座的故事

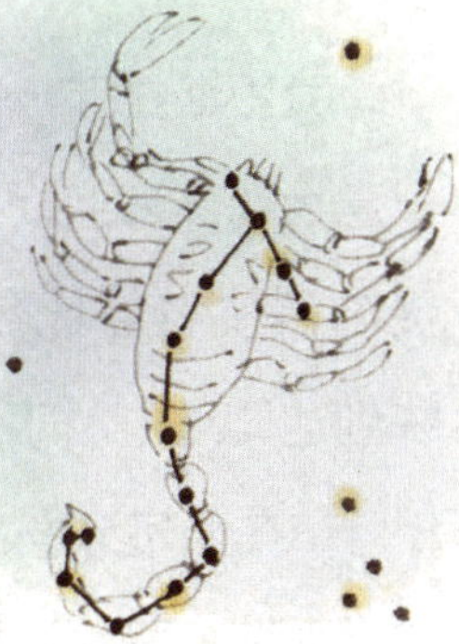

巨人奥瑞恩过于自大，引起了赫拉女神的不满。赫拉送给巨人奥瑞恩一只毒蝎，奥瑞恩中毒而死。

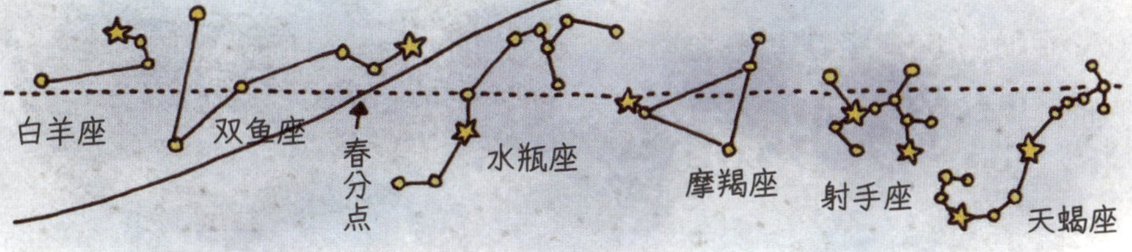

被哥伦布发现的新大陆

哥伦布发现并错过的美洲大陆

克里斯托弗·哥伦布出生于意大利热那亚，他相信“直接向西航行会比绕行非洲更快到达印度”，于是 1492 年 8 月，在西班牙女王伊莎贝拉的资助下，哥伦布乘坐圣玛丽亚号船从西班牙的巴罗斯港出发了。同年 10 月到达巴哈马的圣萨尔瓦多岛。哥伦布在第三次出海的时候发现了南美洲大陆，但当时他以为这块土地是印度的一部分，还将当地的原住民叫作印第安人。现在加勒比海上的岛屿被叫作西印度群岛也是由于哥伦布的误解。哥伦布死后，出生于意大利佛罗伦萨的阿美利哥·维斯普西来到这块新大陆探险，美洲（America）这个名字就来源于他的名字。

哥伦布从新大陆带回来的东西

烟草

哥伦布看见新大陆上的原住民会从嘴里吐烟出来，感到非常吃惊。他将这种烟草叶带回去后，没想到在法国宫廷流行起来，渐渐风靡整个欧洲。

辣椒

原产地是中南美洲，经由哥伦布传到了欧洲。相比当时昂贵的胡椒，它更容易栽培，渐渐成为欧洲人经常使用的香辛料。

橡胶

哥伦布发现海地岛上的孩子们都在玩一种奇怪的黑球。这种球是用橡胶树分泌的树汁制作的，之后橡胶被西班牙人和葡萄牙人带回了欧洲。直到 200 多年后，橡胶才被欧洲人实际使用起来。

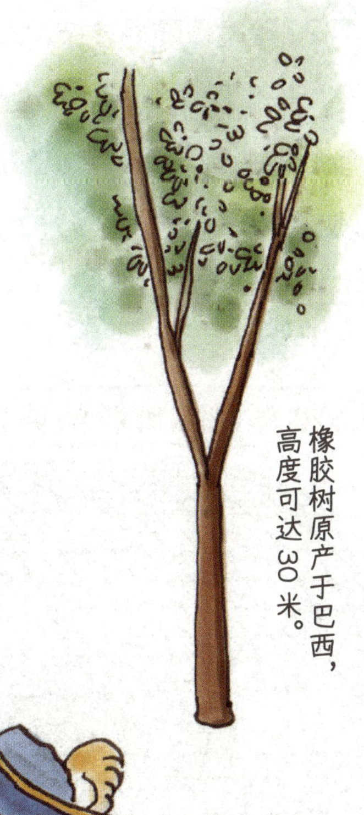

橡胶树原产于巴西，高度可达 30 米。

圣玛丽亚号

15 世纪左右服役的卡瑞克帆船有 3 根桅杆，每根桅杆上有一面长方形横帆。船后部使用三角形竖帆。船上可以装载大量的水和食物，所以能够去更远的地方航行。

全长 26 米，宽约 8 米。

发现南极大陆

探寻神秘的南方大陆

15 世纪，大航海时代来临以后，欧洲人纷纷开始走出欧洲去探索未知的世界。但是直到 18 世纪，人们对地球的南半球几乎还是一无所知。当时的人们相信在南半球有和北半球差不多的大块陆地，并且气候温暖。它被称为“传说中的南方大陆”，在当时制作的地图上也标注着“未知的南方大陆”。1772 年，英国军人詹姆斯·库克向着这传说中的南方大陆开始了自己的探险。1773 年，他首次进入南极圈，确认了南方大陆其实并不存在。直到 1820 年南极陆地才被发现，而人类登上南极大陆已经是 19 世纪末的事情了。进入 20 世纪以后，各国的探险队都把目标定在了南极点上。最先到达南极点的是阿蒙森率领的挪威探险队，他们于 1911 年 12 月 14 日那天到达南极点。大约一个月后的 1912 年 1 月 17 日，由斯科特率领的英国探险队也到达了南极点。

1570 年欧洲出版的近代地图册 奥特里乌斯《地球大观》中的一页

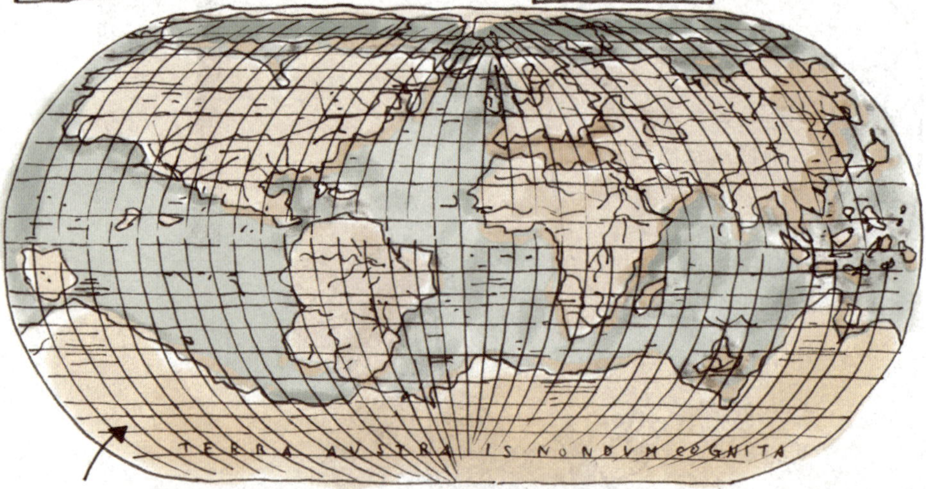

这块巨大的大陆不是南极大陆，是凭想象画出来的传说中的南方大陆。

南极地图

南极的面积是1388万平方千米。

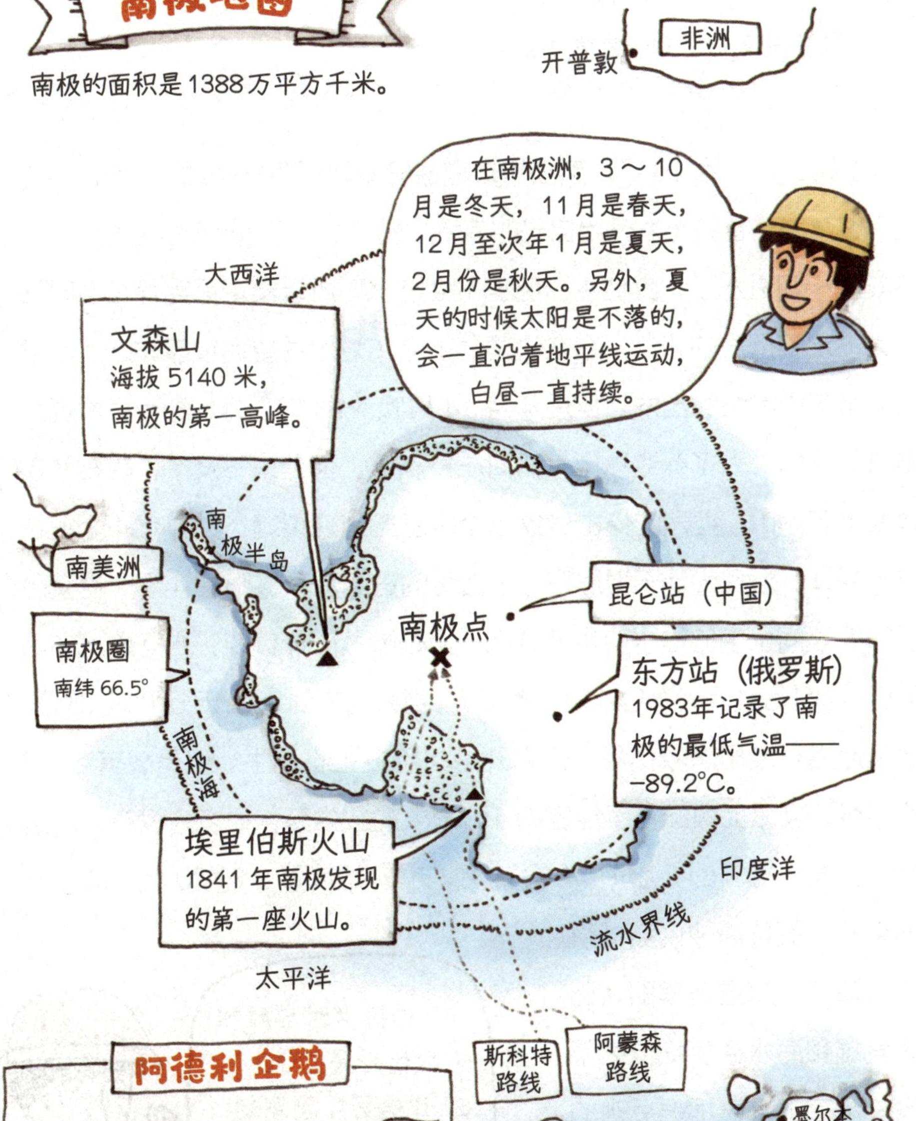

阿德利企鹅

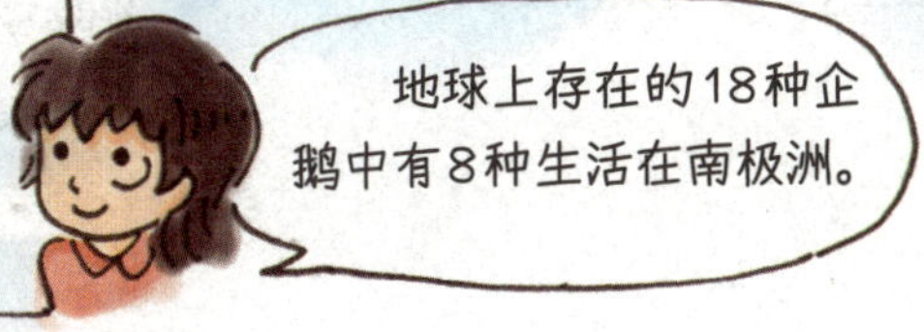

泰坦尼克号的沉没

20世纪人类最大海难

1912年4月10日，英国的豪华客轮泰坦尼克号搭载着大约2200名乘客从南安普敦出发开始自己的首航。船体划分了16个水密舱※，即使其中一间进水了，其他水密舱也不会进水，所以泰坦尼克号在当时被称为“永不沉没的船”。它在法国瑟堡港和爱尔兰皇后镇靠岸之后就继续向着美国的纽约出发。但是4月14日晚11时40分，瞭望员发现了前方的冰山。为了躲避冰山，船向左打满舵，但是来不及了，船右舷还是撞上了冰山。猛烈的撞击导致5个水密舱出现裂缝，其中有4个很快被水灌满。当初设计泰坦尼克号水密舱的进水承受极限是4间，也就是说即使4间水密舱进水船也不会沉。但是随着船体倾斜，水开始流向其他区域，因此泰坦尼克号开始慢慢下沉。当时间来到4月15日0时15分，泰坦尼克号发出求救信号，人们开始利用救生艇逃生。但是载有2200位乘客的大船上只配备了能容纳1178人的救生艇，很多人没有办法逃生。在发生撞击的2小时40分钟后，也就是凌晨2时20分，随着一声巨响，船体断成两截慢慢沉入海中。掉进海里的人因为气温和海水温度太低大都没能幸存下来。根据后来的统计，这次海难的遇难人数高达1500多人。

泰坦尼克号

英国的白星航运公司计划用于北大西洋航线上的当时世界上最大的豪华客轮。总排水量 4 万 6328 吨，速度 23 节（时速 42.6 千米每小时）。

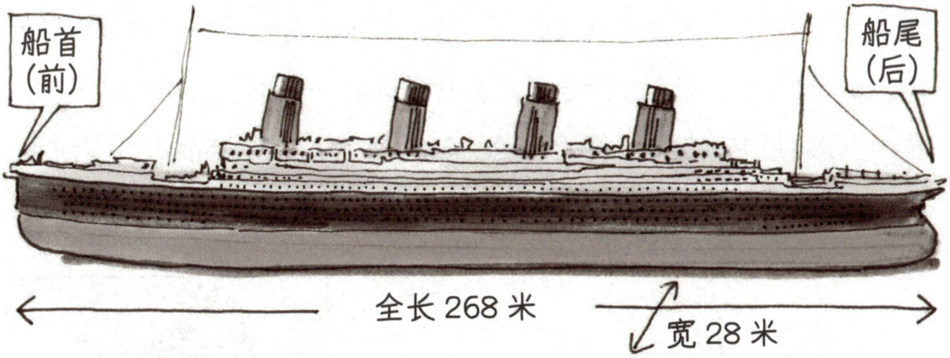

泰坦尼克号沉没 73 年后，即 1985 年，美国海洋学研究所的罗伯特·巴拉德在纽芬兰岛附近 3650 米深的海底发现了泰坦尼克号沉船残骸。这时人们才确认船体断成了船首和船尾两段，并且分别沉到了距离较远的不同位置。

被预言中了！？泰坦尼克号的沉没

1898年美国人摩根·罗伯森发表了短篇小说《徒劳无功》。这部小说最初并没有什么人知道，但是在泰坦尼克号沉没之后却造成了极大的轰动。原因是，小说中讲述了一艘英国豪华客轮因撞上冰山而沉没的故事，与泰坦尼克号沉船事件惊人地相似。小说中沉船的名字是泰坦，船的大小、最高时速、船员乘客数、航海时间、船体受到撞击的部分等都基本相同。可是这个故事却创作于真实的泰坦尼克号沉船事件的14年前。

※ **水密舱：**船体划分成若干区域，如果某个区域进水了，只需要封闭进水区域就可以防止水继续流向其他区域。

阿波罗 11 号登陆月球表面

第一个踏上月球的人——阿姆斯特朗

月球是距离地球最近的天体。从上古时期开始，人们就被月亮神秘的光辉所牵引，大量的神话、故事中都能看到它的身影。但是，一直以来我们都是站在地球上仰视月亮，直到 1969 年 7 月 20 日，人类才首次踏上月球的土壤。绕月飞行的阿波罗 11 号飞船搭载了 3 名宇航员，那一天除了迈克尔·科林斯留在飞船上，另外两名宇航员尼尔·阿姆斯特朗和巴兹·奥尔德林都乘坐鹰号登月舱在月球的“宁静海”附近着陆了。第一个踏上月球的指令长阿姆斯特朗在月球上说的第一句话是：“这是我个人的一小步，却是全人类的一大步。”

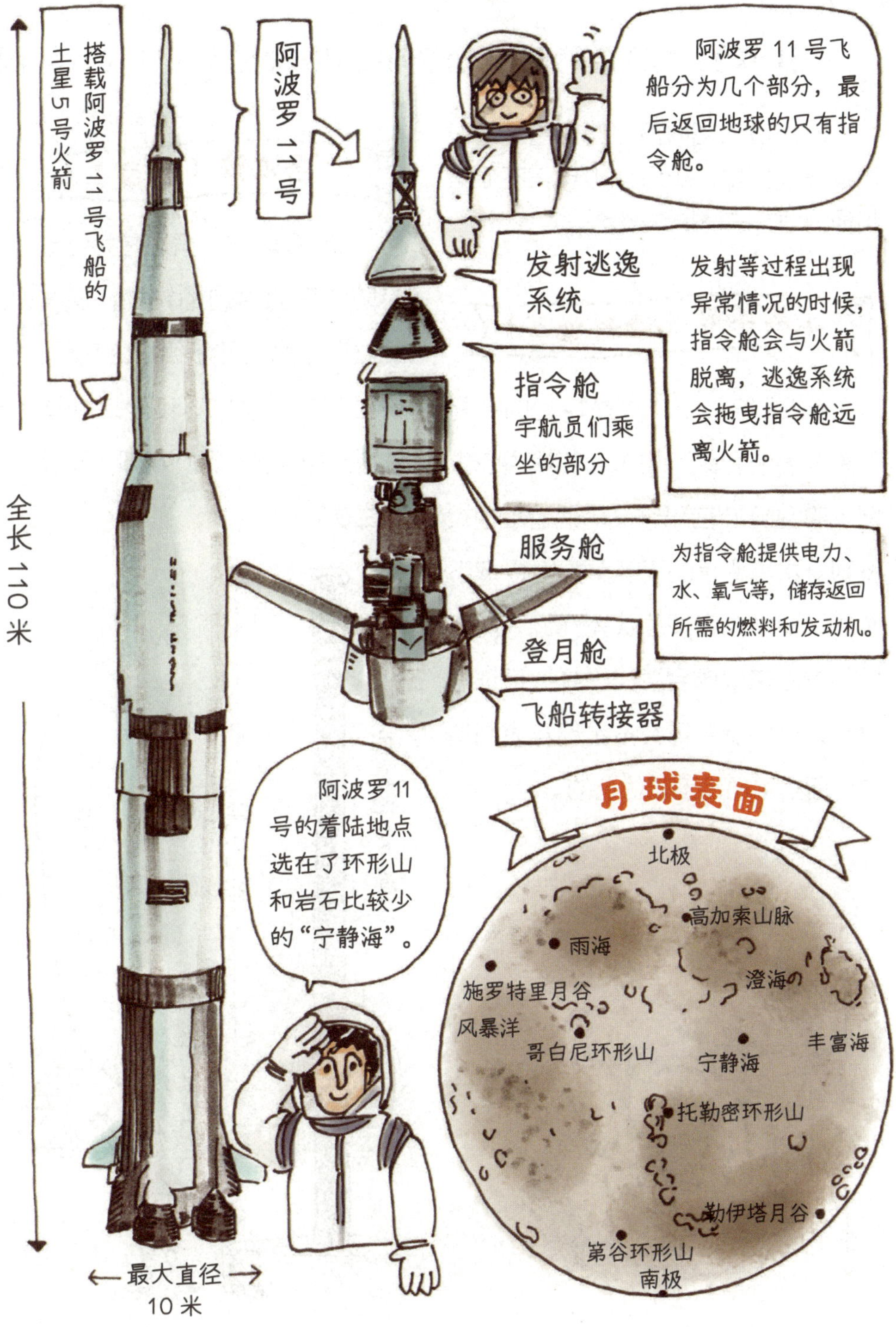
搭载阿波罗 11 号飞船的土星 5 号火箭
阿波罗 11 号
阿波罗 11 号飞船分为几个部分，最后返回地球的只有指令舱。
发射逃逸系统
发射等过程出现异常情况的时候，指令舱会与火箭脱离，逃逸系统会拖曳指令舱远离火箭。
指令舱
宇航员们乘坐的部分
服务舱
为指令舱提供电力、水、氧气等，储存返回所需的燃料和发动机。
登月舱
飞船转接器
全长 110 米
最大直径 10 米
阿波罗 11 号的着陆地点选在了环形山和岩石比较少的“宁静海”。
月球表面
北极
高加索山脉
雨海
澄海
施罗特里月谷
风暴洋
哥白尼环形山
宁静海
丰富海
托勒密环形山
勒伊塔月谷
第谷环形山
南极

错位的神秘事物 1

让我们一起看看这些历史教材中都没有记录的神秘事物！

时空错位之物指那些使用了与时代不符的技术、知识或出现在不应该出现的地方的遗物或遗迹。

水晶头骨（伯利兹※）

1927 年，一个水晶雕刻的头骨在南美洲伯利兹（当时为英属洪都拉斯）的 500 年前玛雅文明的遗址中被发现。水晶头骨的下颚骨是可以取下来的，如果在它下面放置光源，两只眼睛看起来就像会发光一样。但证据显示，该水晶头骨并不是玛雅人制造的，而是用现代工艺伪造的。

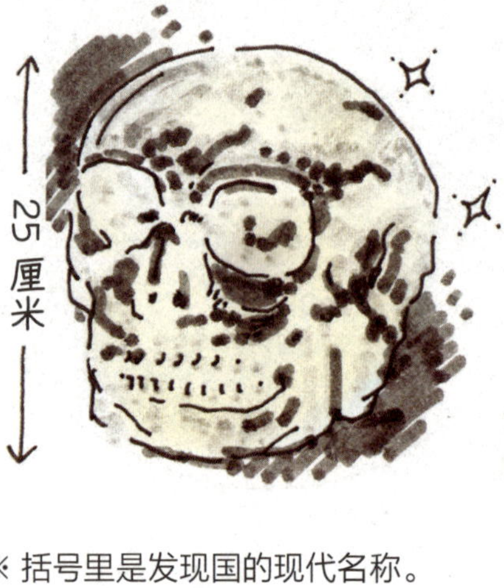

※ 括号里是发现国的现代名称。

不锈铁柱（印度）

1500 年前，据说是为纪念旃陀罗王而建造的铁柱，现在竖立在印度首都新德里的南郊。铁是容易生锈的，但是这根铁柱露天矗立了 1500 年却一直没有生锈。

古代电池（伊拉克）

这是 1938 年德国考古学家在 2000 年前的帕提亚帝国遗址中发现的。陶罐中放入铜管和铁棒后再加入酸溶液，就能产生 1.5 伏特的电。在周边的遗址也发现了若干同样的电池。据推测这些电池很可能是用在镀金工艺中的。但是，现代电池发明出来也才不过 200 年。

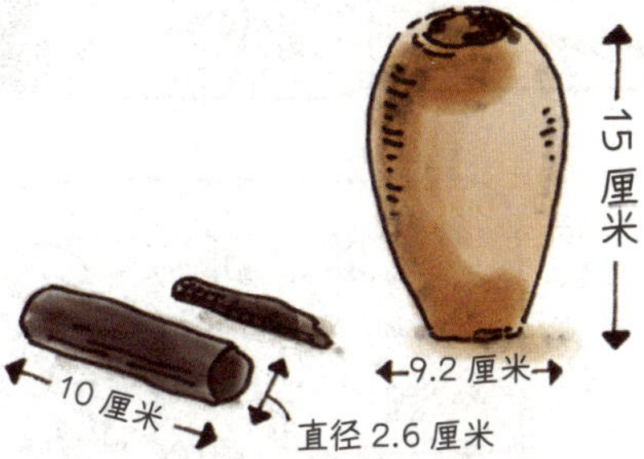

黄金飞机（哥伦比亚）

在印加帝国之前，距今 1500~1200 年前制作出来的黄金模型，1969 年被发现于南美洲的哥伦比亚。有人说它是鱼，有人说是鸟，但是因为它有像飞机一样的机翼，所以人们还是叫它古代飞机。

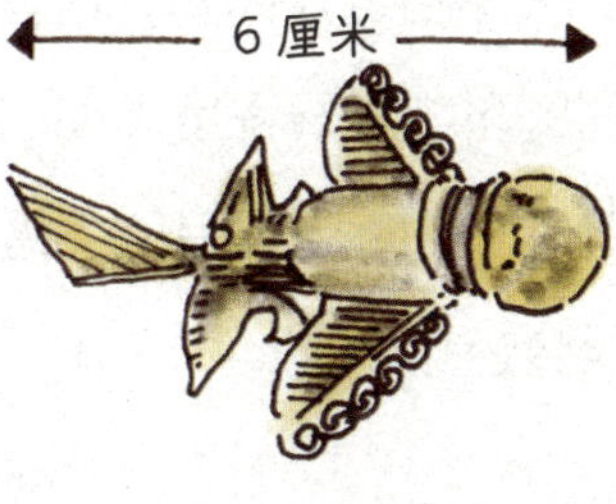

托普卡帕宫地图（土耳其）

1929 年，人们在土耳其伊斯坦布尔的托普卡帕宫发现了一张画在羊皮上的地图。地图上标明了“1513 年奥斯曼土耳其帝国海军提督皮里雷斯在 2000 年前的 20 张古地图基础上绘制”。让人震惊的是，这张地图上竟然标注了 2000 年前还没有被发现的南极大陆，而且地图上地球的形状与从埃及开罗上空向下俯瞰的形状一样！在没有飞机的时代，这张空中鸟瞰图是怎样绘制出来的呢？谜底至今尚未揭晓。

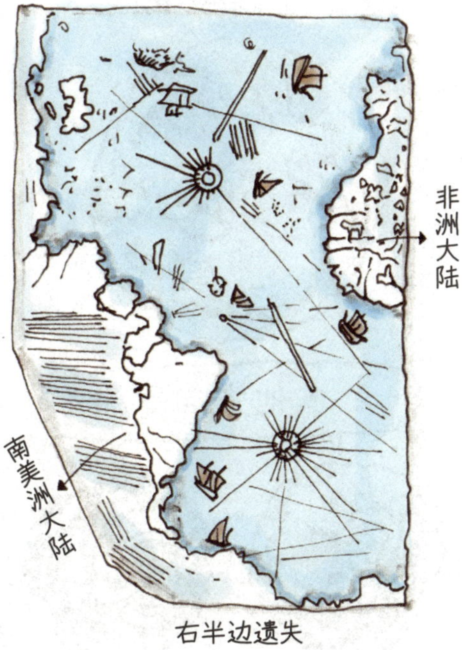

错位的神秘事物 2

让我们一起看看这些历史教材中都没有记录的神秘事物

圣德太子的地球仪（日本）

这是日本兵库县斑鸠寺世代相传的宝物，传说是 1400 多年前圣德太子下令制造的地球仪。大小和垒球差不多，上面不仅有日本列岛，还有欧亚大陆、非洲、南北美洲，甚至南极洲。目前已经证实的是，这个地球仪在江户时代中期就已经存在了，可是当时南极大陆还没有被发现。

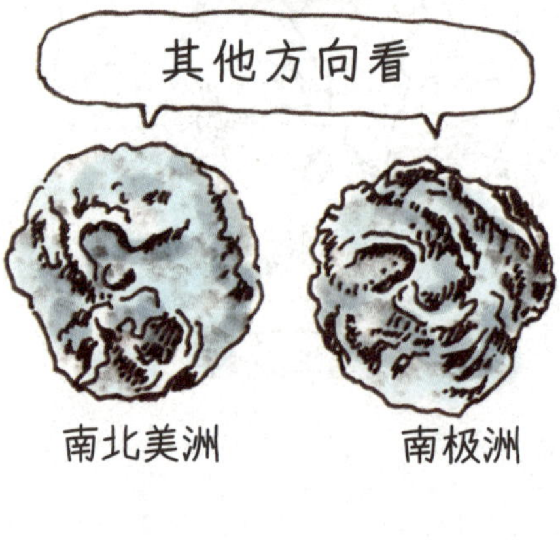

伏尼契手稿（意大利）

1912 年在意大利被发现的羊皮纸书。据说上面抄写了古代流传下来的书，完成于 15 世纪左右。但是，这里面的文字至今还没有人解读出来。书中还有各种颜色鲜艳的插图，例如，植物的根和叶的剖面图、天体图、人体图，这些图画不应该是当时的科技发展程度所能了解的内容，所以这本书到底是谁写的、是怎么写出来的，至今还是个谜。

照明灯泡（埃及）

在埃及丹达拉的哈索尔神庙地下室墙壁上，雕刻着手持照明灯泡的人物壁画。这些 2000 多年前的电灯泡和 1879 年爱迪生发明的电灯泡的结构基本相同。灯泡里面有发光的灯丝，灯座、电线也都雕刻出来了。我们本来认为古埃及人在没有自然采光的地下室会用火把或油灯照明，可是在这座神庙的墙壁和天花板上并没有发现烟的伴生物烟灰。有可能他们真的像壁画上画的那样是用电灯照明的吧。

用蛇形线条表示灯丝。

卡布里拉石头（秘鲁）

霸王龙袭击人类。

恐龙灭绝于 6550 万年前，人类出现于 700 万年前。可是 1961 年在秘鲁的伊卡，人们发现了很多奇怪的石头，上面画的似乎是人类和恐龙在同时期生活的样子；而且这些画被证实是 1 万多年以前创作的，可是人类到了 19 世纪才通过化石研究得知了恐龙的存在。过去的人们是不知道恐龙的，难道这是凭着想象画出来的？有没有可能恐龙没有完全灭绝，有一部分存活下来了？还是说人在恐龙时代就已经存在了？

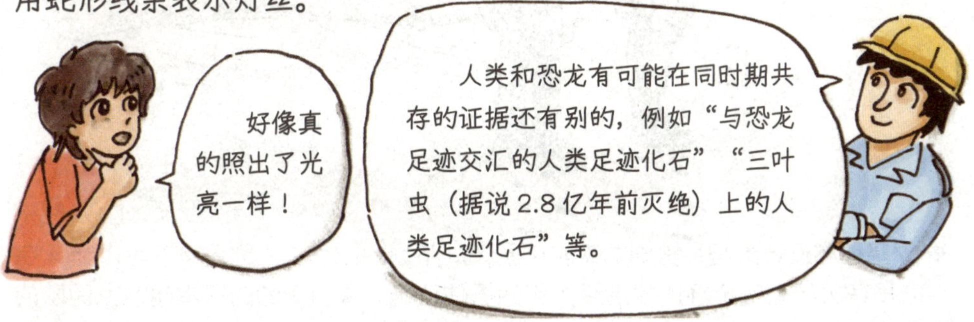

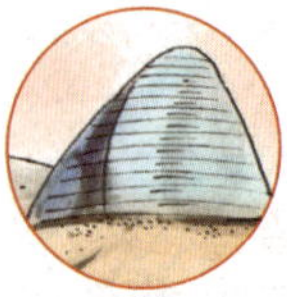

进一步向宇宙出发——火星移民计划

到这片极寒的红色大地上生活指日可待？！

火星表面由于覆盖着一层氧化铁，所以看起来是红色的。火星大小约为地球的一半，重力大约是地球的 1/3。火星大气稀薄，平均温度在 -40℃以下。人类探索火星是从 20 世纪 60 年代开始的。1975 年发射的美国海盗 1 号和 2 号的着陆装置首次拍到了清晰的火星照片。2008 年美国国家航空航天局的火星轨道探测器证实了在火星的北极有水和冰的存在。美国国家航空航天局为了实现 2030 年以后火星载人探测的目标，设计了一个火星长期滞留体验计划，模拟长时间乘坐宇宙飞船移动和在艰苦条件下的生活。计划让少数几人在火星星际栖息地这一封闭环境中长时间生活，然后调查这种生活对他们身体、精神上的影响。火星移民计划也得到了民间企业的支持。荷兰的非营利性组织火星 1 号在 2013 年招募火星移民志愿者的时候，竟然有 20 万人报名。宇宙运输公司 Space X 正在开发世界上最大的火箭，用来向火星运送物资和建材。2020 年，阿拉伯联合酋长国的 Mars Hope、美国国家航空航天局的 Mars 2020、中国的天问一号火星探测器接连升空，人类的火星探测仍在继续。

火星住宅设计大赛※优秀作品《火星 冰屋》

※ **火星住宅设计大赛：** 美国国家航空航天局策划的比赛，主题是设计可以让 4 名宇航员在火星上安全舒适地生活 1 年的居住设施。来自纽约的日本建筑家团队的作品最终胜出。

后 记

《进击的人类：了不起的发现》这本书，旨在让孩子从小就能有兴趣接触一些在中学甚至大学才会学到的生物、人类历史、复杂科学理论等，这样在以后就不容易对学习产生抵触情绪了；也让孩子从小就能了解到世界上有很多不同的国家和人，有很多神奇的事物和宝贵的人类遗产。秉持着这样的初衷，我们编写了这本书，目标读者主要是小学生及其家长，同时也想让我们自己的孩子从中受益。

在日新月异的今天，伴随着更多考古学新发现的出现和科学技术的不断发展，过去的发现和定论有时也会被推翻。在本书中，古老的生物化石、古代文明遗迹等存在的年代和介绍基本上采用的都是执笔之时的公认结论。在最新的调查研究或者以后的调查研究中可能还会有新的发现、新的答案浮出水面，这一点希望读者能够知晓并给予理解。

《世纪大发现》编辑室